书山有路勤为径,优质资源伴你行
注册世纪波学院会员,享精品图书增值服务

行动学习 3.0

从"过程引导"到"思维引领"

THINKING IN ACTION

张峰/著

电子工业出版社
Publishing House of Electronics Industry
北京·BEIJING

未经许可，不得以任何方式复制或抄袭本书之部分或全部内容。
版权所有，侵权必究。

图书在版编目（CIP）数据

行动学习 3.0：从"过程引导"到"思维引领"/ 张峰著. —北京：电子工业出版社，2021.1（2025.9 重印）

ISBN 978-7-121-40190-9

Ⅰ. ①行⋯　Ⅱ. ①张⋯　Ⅲ. ①企业管理—组织管理学　Ⅳ. ①F272.9

中国版本图书馆 CIP 数据核字（2020）第 245077 号

责任编辑：吴亚芬
印　　刷：北京捷迅佳彩印刷有限公司
装　　订：北京捷迅佳彩印刷有限公司
出版发行：电子工业出版社
　　　　　北京市海淀区万寿路 173 信箱　　邮编：100036
开　　本：720×1 000　1/16　印张：12.5　字数：198 千字　彩插：4
版　　次：2021 年 1 月第 1 版
印　　次：2025 年 9 月第 19 次印刷
定　　价：68.00 元

凡所购买电子工业出版社图书有缺损问题，请向购买书店调换。若书店售缺，请与本社发行部联系，联系及邮购电话：(010) 88254888，88258888。
质量投诉请发邮件至 zlts@phei.com.cn，盗版侵权举报请发邮件至 dbqq@phei.com.cn。
本书咨询联系方式：(010) 88254199，sjb@phei.com.cn。

对本书的赞誉

在人才培养项目与培训中，最让人期待的事情是以业务成功为中心，做有"结果"的培训，实现业务价值的转化或绩效提升。要特别警惕在传统培训思维惯性下产生"学习废品"。张峰老师敏锐地识别出，行动学习2.0对"过程"的重视程度远大于对"结果"的关注，只是"隔靴搔痒"，这成为行动学习项目实施中经常遇到的业务价值转化瓶颈。基于大量的授课与项目实践，张峰老师提出了行动学习3.0——从"过程引导"到"思维引领"，并围绕着"团队"（Team），在"内容"（Content）、"引导"（Facilitation）和"思维"（Thinking）三方面做了有益的模式探索，实现了思维升级。

——罗伟兰

华大集团人力资源中心副主任

在过去的四十多年中，中国的企业得益于改革开放快速发展的红利，闯出了一条独有的迅捷之路，但同样也产生了西方管理宝典中未涉及的特色问题。在这本书中，张峰老师不仅深入浅出地解答了当代行动学习实践者的疑惑，而且为业界管理者提供了一套完整而实用的管理方法和实用工具，并配有丰富的案例，非常实用，值得一读。

——黄坤宇

溢达集团中国人力资源董事总经理

这本书终于把行动学习的最后一层窗户纸捅破了，认为行动学习专家可以并且应该适度地介入"内容辅导"和"思维引领"过程，在思维工具和管理方法的质量参差不齐的组织环境里，这一点特别有价值。

——庞涛

华为大学前高级专家、华为训战方法论及组织经验萃取专家

这些年来，在高校人才培养的探索过程中，我们始终关注如何有效培养学生们的领导力，我们通过线上线下的混合式教学、课程与项目的深度融合，发现"目标导向+行动学习"的人才培养模式起到了非常重要的作用，旨在帮助学生们明确个体、团队目标，在积极行动过程中学习、反思，实现有效提升。张峰老师这些年在企业的实践项目中进行了大量有益的探索，为我们人才培养模式创新提供了直接有效的借鉴和指导帮助。这本书更是从"过程引导"到"思维引领"的升华，书中融入了多年实战积累的深度思考内容，必将对我们综合运用行动学习起到积极作用，也使我们因有效行动而变得更加美好！

——张莉

哈尔滨工业大学教授、博士生导师

一直以来，海普诺凯都在坚持做培训，并通过培训的方式解决业务中的痛点，降低跨部门、跨业务的沟通成本，同时提升人才管理能力。我们与张峰老师合作的行动学习项目，效果很棒！这本书详细介绍了行动学习的操作要点，实现了从"过程引导"到"思维引领"！我们企业以后将持续导入行动学习，并将此书推荐给了各层级管理者。

——刘育标

海普诺凯生物科技有限公司 CEO

张峰老师的"行动学习"课程，向来以实战著称，通过经验提取和工具方法的使用，引发学员深度思考，充分调动企业内各方资源，有效打破组织边界，能够系统地解决业务上各种错综复杂的问题。这本书是在原有课程基础上的进一步升华，将"思维引领"融入"过程引导"之中，并开创性地提出 T-CFT 模型，能够更加有效地促进业务的发展。

——比亚迪集团人力资源处

张峰老师主导了我集团人才发展项目之行动学习子项目，项目价值显著。欣闻张老师花两年时间精雕细琢的书问世了，基于实战合作的效果故向各位推荐。这本书中汇集了几百个项目实施的精华，用思维引领全过程操作，将能力提升融入业务发展过程中，干货满满，思路清晰，可复制性强。

——欧派家居集团人力资源中心

与张峰老师相识已十余载，交叉点几乎都是学习和培训。起源于张峰老师对知识的渴求和对人才培养的态度，深化于他所倡导的行动学习。过往的培训主要是知识的传授，对课程的评估也主要依赖于学员的反馈，以至于负责培养和发展工作的人总要陷入培训无法有效评价的境地。直到行动学习的出现，让我们有了一整套的工作方法和工具，一方面，可以用最简单的工具和方法让学员能清晰地知道如何做；另一方面，通过项目型行动学习让学员做中学、学中做。这让学员不但可以不断地深入学习和反复练习，还可以通过学员的实际行动解决组织中的实际问题，产生项目成果。这让我们真正做到：提供一次行动学习，培养一批干部，解决多个难题。这本书可以成为你学习和实践行动学习的一本很好的参考书。

——林广球

德赛西威汽车电子股份有限公司高级副总裁、人力资源管理中心总经理我们内部有句话:"一切问题都是人的问题,一切边界都是认知的边界。"企业快速发展的核心是组织能力的提升,而组织能力的提升不仅要有对自身优劣势的清晰认知,还要有促成有效行动的路径和方法。这本书很好地解决了从认知到方法,再到行动提高的问题,可以帮助我们快速有效地提升组织能力。

——郑晓坤

京东物流 B2B 供应链总经理

前　　言

- 公司计划推出一款新产品，对此，研发、生产和销售部门各有各的观点，虽然这些观点看起来都有道理，但问题是：怎样才能将这些观点整合成统一意见？
- 销售业绩不理想，销售部门分析出来的原因是市场太难做，但问题是：为什么市场环境相同，有人却逆势增长？
- 员工流失率总是居高不下，生产部门说是因工资待遇低而留不住人，但问题是：生产部门是否确定只要加工资就可以降低员工流失率？
- 每年都组织大量的培训，但成效难以评估，领导指示说学习发展部门要成为业务部门的伙伴，但问题是：怎么做？
- 筹划了很久，终于引入了行动学习，研讨现场大家的参与度非常高，便利贴也贴了满满一墙，但问题是：课程一结束，大家又恢复了常态，为什么？
- 行动学习启动会上信誓旦旦，说好了一定会精诚协作，但问题是：在课题推动过程中，除了组长，其他人都无限地静默，这是闹哪出？
- 接到了死命令："3个月内课题必须有突破。"学员们很努力，头脑风暴到发际线后移，但方案依然难产出，咨询行动学习专家意见，他却说："只做过程引导，不介入内容。"这样真的对吗？
- 终于迎来了结项汇报，各组的PPT制作精美、几位汇报人慷慨陈词，但问题是：评委们觉得没有搞清楚问题的本质，怎么会这样？
- 翻遍各种行动学习书籍，参加完各类教练与引导认证，信心满满，但问题是：一回来主导项目，还是遇挫不断，什么情况？

……

如果你有以上类似的问题，阅读本书，或许能有帮助！

我为什么要写书

市场上已经有很多关于行动学习的著作了,那要写一本什么样的行动学习的书才更为恰当呢?

- 把行动学习的历史翻出来,继续"炒一炒冷饭"?
- 把各种学科理论堆积在一起,好让大家不明觉厉?
- 把各种散点工具拼接一下,凑凑字数?
- 不断强调行动学习专家的中立立场?
- 把各种其实并不太成功(甚至在客户看来很失败)的行动学习项目包装成组织发展的利器?

……

类似以上这样的书,我有时间写,读者也未必有时间读。

然而,自2015年以来,便不断有合作过的HR和学员表示,希望能够更系统地学习我的较为独特的行动学习方法论,而市场上恰巧又没有合适的著作。

所以,2018年,我终于下定决心为行业尽一些力,开始写作。于是,写写停停、停停写写,直到2020年,本书初稿方才完成。

何为行动学习3.0

行动学习1.0

行动学习在刚传入中国时,曾引起轰动。那时人们对于这一新颖的做法知之甚少,几乎是完全照搬欧美做法,并且欣喜地看到行动学习确实能够帮助团队成长,所以便不敢改动欧美的教科书。这时,人们对于行动学习"过程"的重视程度,远大于对"结果"的关注。所以,此时的行动学习,感觉尚飘在空中,不够落地,可称为"行动学习1.0"。

行动学习2.0

随着经济的快速发展，中国企业的管理水平和学习能力也在实现同步提升，而广大的行动学习实践者们，也在快速成长。这期间，教练技术和引导技术等方法已在中国遍地开花，这些方法论在行动学习中的整合运用，极大地丰富了行动学习的内涵。人们也从照搬走到了融合与再造阶段，进入行动学习2.0时期。这时的行动学习，在形式上已经有板有眼了，人们对于"过程引导"也已经轻车熟路了，只是由于有"行动学习只做'过程引导'，不介入内容"这一紧箍咒的束缚，逐步催生出了组织方的更多不满——总有"隔靴搔痒"之感。

行动学习3.0

当越来越多的中国企业引入行动学习时，人们对于行动学习的要求也就越来越高了，只做"过程引导"的弊端也就越来越明显了。

试想：当一个团队的技能水平尚有较大提升空间时，针对一个难题，你引导团队成员进行头脑风暴和团队共创（而不做思维和内容介入），虽然成员们"创"出了"满头包"，但在解决人员流失率问题上能想到的依然只是"加工资"，这样靠谱吗？

试想：组织投入了很多人力、物力和财力在行动学习项目上，4个月后取得的最终课题成果还不如领导直接下命令1个月做出来的好，而你告诉组织方，你的重点是"提升能力"，这会不会有点尴尬？

此时，融入"思维引领"的"过程引导"，在保证引导过程有效的基础上，解决了解题思维的连贯性问题，从而更好地兼顾"业务发展"和"能力提升"，这便是行动学习3.0。在行动学习3.0中，围绕着"团队"（Team），行动学习专家在"内容"（Content）、"引导"（Facilitation）和"思维"（Thinking）三方面发挥作用，我将此称为T-CFT模型（见图0-1）。

在内容、引导和思维这三方面，分别对应着行动学习专家的三大职责。

职责一：内容辅导（Content, C）。如果行动学习专家本身又是顾问，在很多课题的内容上有专业度，那么当团队确实卡在某处不能自拔时，可以帮助团队进行"内容辅导"。只是，在进行"内容辅导"时要多借助提问，而不是选择直接告知。

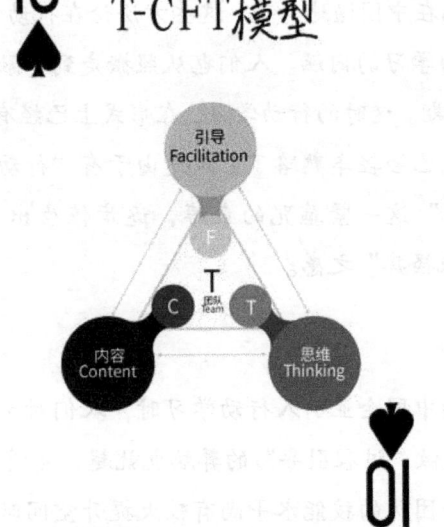

图 0-1　T-CFT 模型

职责二：过程引导（Facilitation，F）。"过程引导"也叫促动、催化，这一点与人们所熟知的行动学习专家职责一致，不做赘述。

职责三：思维引领（Thinking，T）。要解决问题，"过程引导"固然重要，但如果缺乏问题分析与解决的基本思维和工具辅助，会不会有"隔靴搔痒"的感觉？所以，在行动学习3.0中，行动学习专家要做"思维引领"。

从现实考量角度来看，在行动学习专家的三大职责中，对于"职责一：内容辅导"不能强求行动学习专家做到，但对于"职责二：过程引导"和"职责三：思维引领"则必须做到。

当一位行动学习专家，从单纯地提供"过程引导"，过渡到可以兼顾"思维引领"时，说明他已经进入行动学习3.0时期了！

综观行动学习市场的实际情况，又有多少行动学习专家已经迈入了行动学习3.0时期？

大部分行动学习专家只做"过程引导",这样做的结果是:课堂上很开心,产出也很好看(得到各种颜色的便利贴和绘图,花花绿绿的),但学员一旦实践,便麻烦不断——实际效用有限。

少部分行动学习专家除做"过程引导"外,也会进行"思维引领",只是,这个"思维引领"是以单课的形式呈现的,学员难以将其与"过程引导"整合起来使用,"两张皮"现象明显。

极少数行动学习专家(可能不超过5%)在三大职责上做得比较均衡:既做"过程引导",又进行"思维引领",甚至也做"内容辅导",效果通常更好。只是,做"内容辅导"有风险,一不小心,可能被反噬:带偏课题,或者削弱学员的主动性。

几乎可以预测到:在未来几年,只进行"过程引导"的行动学习专家的处境将异常艰难。

本书核心观点

事实上,有了一定行动学习基础的伙伴(指在接触过我的行动学习套路前,主导过行动学习项目,或者至少参与过两天以上行动学习课程的学员),在参加过我的课程后,有以下两种相对极端的评价。

- 第一种评价:"老师的课程完全颠覆了我之前对行动学习的认知,也解答了我的很多疑惑,非常实战化,非常棒!"
- 第二种评价:"最懂课题内容的应该是小组成员,行动学习专家的职责是确保'过程引导'高效,怎么可以介入内容呢?简直是胡闹!"

那么,我的核心观点是什么?与市场上的大部分行动学习类著作相比,到底有何不同?

核心观点一:"单纯的过程引导,并不是总能够达成理想效果。"(见图 0-2)

从某种意义上说,行动学习来源于西方。在西方发达国家的组织中,很多基础又实用的思维方法和管理工具已经得以普及,行动学习专家只需要做好"过程引导"便会有不错的产出。而在中国,现在的实际情况是:

大量的组织在经历了三四十年高速发展的同时，在思维方法和管理工具等方法论层面仍有相对较大的短板待补充，所以，单纯的"过程引导"往往使课题产出不尽如人意，难以达成组织期望。

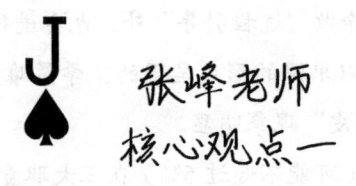

张峰老师
核心观点一

> "单纯的过程引导，并不是总能够达成理想效果"

Copyright ©Zhang Feng. All Rights Reserved.

图 0-2　核心观点一

核心观点二："在现在的中国，行动学习专家往往需要适度介入内容。"（见图 0-3）

当团队成员的经验或知识技能相对不足，课题很难有突破时，行动学习专家可以结合个人的主题经验和思维工具（前提是行动学习专家可以胜任辅导角色），并借助强有力的提问，进行适度的内容介入。这样，一方面可以助力课题的突破，另一方面能更好地促进团队成员能力的提升。

一般来说，目标要跳一跳才能够得着。当课题难度完全超出团队的能力范畴，不给予内容支持则绝对达不成时，团队会丧失信心和勇气，沉沦不前。这与发起项目的初心背道而驰，得不偿失。

> 在现在的中国,行动学习专家往往需要适度介入内容

图 0-3 核心观点二

核心观点三:"有时,项目强管控是降低风险的有效路径之一。"(见图 0-4)

> 有时,项目强管控是降低风险的有效路径之一

图 0-4 核心观点三

只教授了方法论，便期待各个课题组的成果自然生发，不是不可能，只是概率特别小。而一旦项目失败，对于组织者来说，就会是一场灾难。所以，从项目前期的四大任务（一请导师、二选课题、三组团队、四建机制），到项目中期的实践推进，再到项目后期的成果沉淀，项目组通过强管控方式，才能大幅度降低项目失败的风险。

阅读指引

前言。前言部分介绍了本书的写作背景，以及我的核心观点。如果你对于行动学习已经有所了解，那么阅读本书前言部分，有利于你快速判断是否值得继续读下去。

第1章 模式篇。第1章除介绍行动学习的基础、价值和引入契机外，也说明了我对于行动学习专家角色的不同理解，并由此介绍了本书的纲领性模型：行动学习大三线等。无论是哪类读者，都建议读一读这一章，否则会对后面的章节产生困惑。

第2章 思维篇（对应"X轴：课程逻辑线"中的一二三四）。在公开出版的行动学习著作中，甚少有将思维方法和工具单列一章来讲的。第2章主要介绍"思维工具四二三"，了解了这些，才能同频，才能将后续的两章也串起来。

第3章 流程篇（对应"X轴：课程逻辑线"中的五步流程）。本章通过行动学习问题解决五步流程的详细讲解，手把手教你如何做行动学习。本章适合实际做行动学习项目/课题的人士来读。如果你之前有过行动学习项目经验（尤其是失败经验），阅读第3章，你会更受启发。

第4章 表单篇（对应"Y轴：课题研究线"）。第4章主要介绍"Y轴：课题研究线"中的五大表单。如果你不想花太多时间阅读第3章，但又想一窥解题思路，那么，这一章是浓缩的精华，比较适合你。

第5章 汇报篇（对应"Z轴：课题汇报线"）。第5章对应的是"Z轴：课题汇报线"，教授行动学习汇报要点，以及具体的汇报框架及要求。无论你是否赞成书中的整体方法论，只要是有课题汇报需要的，都建议你能读一读本章。

第6章　评价篇。到底什么样的行动学习项目，才能称得上是成功的？这值得我花一章的篇幅来介绍。通过"三听三看三转变"模型，你可以从九个方面来评价行动学习项目。

张峰

目　　录

第1章　模式篇——我的方法论有何不同 ·············· 1
- 行动学习的基础 ································· 2
- 行动学习的价值 ································· 3
- 行动学习的引入契机 ····························· 6
- 行动学习的五大要素 ····························· 7
- 行动学习专家的三大职责 ························· 8
- 行动学习大三线模型 ····························· 9

第2章　思维篇——怎样思考才更靠谱 ················ 11
- X轴：课程逻辑线 ······························· 12
- 四大要素 ······································ 12
- 两向推理 ······································ 31
- 三位一体 ······································ 40
- 一个模型 ······································ 43

第3章　流程篇——五步流程应如何规划 ·············· 49
- 发现问题（S1） ································ 51
- 澄清问题（S2） ································ 72
- 分析问题（S3） ································ 81
- 制订方案（S4） ································ 95
- 管控过程（S5） ································ 101

第4章　表单篇——表单如何助力思维落地 ············ 110
- Y轴：课题研究线 ······························· 111

表单 01：课题澄清表 ································· 112
表单 02：课题分析表 ································· 118
表单 03：方案逻辑图 ································· 142
表单 04：行动计划表 ································· 146
表单 05：指标追踪表 ································· 149

第 5 章 汇报篇——思考与呈现如何无缝对接 ············· 154

Z 轴：课题汇报线 ··································· 155
行动学习汇报五结合 ································· 155
行动学习汇报框架 ··································· 161

第 6 章 评价篇——如何以终为始看评价 ················· 168

行动学习项目评价的意义 ····························· 169
"三听三看三转变"之"三听" ························· 169
"三听三看三转变"之"三看" ························· 173
"三听三看三转变"之"三转变" ······················· 176

后记：万法归宗，重回常识 ························· 181

参考文献 ··· 182

第1章 模式篇

——我的方法论有何不同

- 行动学习的基础
- 行动学习的价值
- 行动学习的引入契机
- 行动学习的五大要素
- 行动学习专家的三大职责
- 行动学习大三线模型

行动学习的基础

关于什么是行动学习，市面上给出的定义很多，大同小异。本书给出的定义是："行动学习是组织学习的承载方式之一。人们组成团队来解决真实的、重要的难题或挑战，并在过程中实现个人、团队和组织的能力提升"（见图1-1）。

从行动学习的定义当中，人们很容易提炼出行动学习的两大目标：能力提升和业务发展，即"边学边做边反思，能力业务齐发展"（见图1-2）。

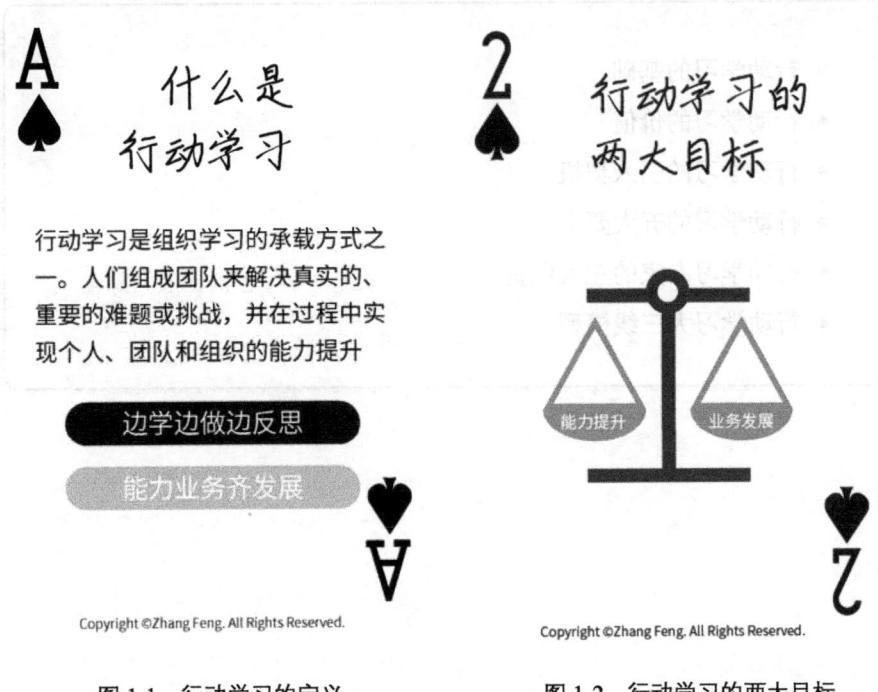

图1-1 行动学习的定义　　　　图1-2 行动学习的两大目标

换句话说，组织引入行动学习，一方面希望解决某些业务难题或更好地推进某些任务（业务发展）；另一方面希望通过这个过程来发展个人和团队甚至组织（能力提升）。只是，不同组织在不同情境下引入的行动学习，对这两大目标的期待侧重点会有所不同，甚至出现极端情况，即只在意"能力提升"，或者只要求"业务发展"。

事实上，从行动学习实战效果的角度来看，即使组织的要求很极端，但其实并不存在只能达成一种目标的行动学习。"能力提升"与"业务发展"是共生共存的。

行动学习的价值

行动学习的价值（见图1-3），主要体现在以下四个层面。
- 组织层面。
- 团队层面。
- 个人层面。
- HR层面。

1. 行动学习价值之于组织（见图1-4）

- 适应变化。"一个有机体，要想存活下来，其学习的速度必须大于（至少等于）环境变化的速度"。行动学习能够加速组织学习的速度，以使其更好地适应变化。

图1-3　行动学习的价值　　　　图1-4　行动学习价值之于组织

- 纠正错误。组织中过往的某些经验并不能完全适应当今的 VUCA [VUCA 是 Volatility（易变性）、Uncertainty（不确定性）、Complexity（复杂性）、Ambiguity（模糊性）的首字母缩写] 时代，借由引入行动学习的这一契机，可以纠正当前已不适宜的某些操作，提升组织有效性。
- 创造知识。知识创造理论之父——野中郁次郎说："最有价值的知识不是从别人那里获得的，而是我们自己创造的。"行动学习团队通过相互质疑与协作，完成组织知识的创造、传播和沉淀。

2. 行动学习价值之于团队（见图1-5）

- 促进协作。行动学习能够有效地优化个体与个体、个体与团队，以及团队与团队的交互模式，改善团队氛围，促进团队协作。
- 解决问题。行动学习聚焦于真实的、重要的问题，并汇聚各方智慧群策群力，从而更好地解决问题。
- 提高效率。借由团队研讨方法和工具的使用，改变了团队处理问题的固有模式，提高了团队界定问题、分析问题和解决问题的效率。

3. 行动学习价值之于个人（见图1-6）

- 掌握方法。通过有意识地运用学到的方法和工具（无论是来自行动学习专家、外部讲师和内部导师的讲授，还是来自团队成员的交流和自我反思，抑或是来自互联网和书本的学习），掌握问题解决和团队管理的系统方法，并有效提高日常本职工作的质量和效率。
- 提升能力。在实战的环境中，人们可以发现个人实际能力与组织期待的能力之间的差距，借由"他人反馈"和"自我省思"制订改善计划并付诸行动，从而实现个人能力提升。
- 优化心智。更为重要的是，通过深度参与行动学习，能够帮助人们识别并优化个人的心智模式，化"不可能"为"可能"。

图 1-5　行动学习价值之于团队

图 1-6　行动学习价值之于个人

4. **行动学习价值之于 HR（见图 1-7）**

- 了解业务。借由行动学习，HR 可以深度了解组织的各项业务，为助力业务发展储备更多能量。
- 创造价值。通过助力相关部门实现业务结果，能够帮助 HR 跳出传统培训的魔咒，实现从"成本中心"向"利润中心"的转换。
- 探索模式。通过系统化的学习项目设计与管控，HR 得以完成行动学习这一"业务发展和能力提升共舞新模式"的探索，助力组织变革实现。

图 1-7　行动学习价值之于 HR

行动学习的引入契机

组织引入行动学习通常有如下几个契机。

- **在常规培训中**：在常规培训中，完全可以将行动学习作为一门培训课程引入，可以学习行动学习问题解决的方法论，并针对真实课题做一定的研讨，尝试找到更好的解题思路。
- **在领导力项目中**：有些组织每年都会开展针对特定人员的领导力发展项目，只是以往更多地是通过传统培训的方式来实现的。通过引入行动学习，可以为这些常规培训课程的转化和落地，提供新的出口。
- **在业绩突破项目中**：在开门红、季度冲关和年终冲刺等业绩突破项目中，引入行动学习可以助力团队凝心聚力，并更高效地达成业绩。
- **在专题研究项目中**：基于未来课题，在专题研究项目中，引入行动学习可以更大程度地使学员拥有高层视角和系统思维，并为更高层决策提供参考依据。

在不同契机下引入行动学习的不同形式，如表 1-1 所示。

表 1-1 在不同契机下引入行动学习的不同形式

不同契机	不同形式			
	单次课程（集中研讨 1~2 天，只 1 次）	迷你项目（累计研讨 2~3 天，一般持续 1 个多月）	中等项目（累计研讨 4~5 天，一般持续 2~3 个月）	完整项目（累计研讨 6~8 天，一般持续 3~4 个月）
在常规培训中	√			
在领导力项目中	√	√	√	
在业绩突破项目中		√	√	√
在专题研究项目中		√	√	√

以上是结合我的经验的初步分类，实际情况可能有一定的出入。例如，在业绩突破项目中，如果客户没有资源，就只能做 2 天的单次课程，这样是否可以呢？当然可以。2 天的单次课程研讨的效果总比自己闭门造车的效果要好一些。

行动学习的五大要素

完整的行动学习具有以下五大要素，如图 1-8 所示。

- **要素一：挑战**。行动学习研究的是真实的、重要的且团队有权限的课题（团队无权限的课题则无法实践，无法实践便不能闭环，最后只能成为理论研究，这会大大削弱行动学习的威力）。这个课题可以是某个挑战，也可以是一个难题，或者一项任务。
- **要素二：团队**。围绕着真实的课题，相关人员组成团队，紧密协作。团队成员一般以 6~8 人为宜。人数太少，多元性不足；人数太多，研讨效率难以保证。
- **要素三：行动**。解决方案需要落实到行动计划上，并在真实工作场景中进行实践检验，并持续迭代和推进。
- **要素四：反思**。在行动学习过程中，要综合运用倾听、复述、提问和反馈等方式，进行质疑和反思，进而促进团队成长，催生更好的解决方案。
- **要素五：行动学习专家**。行动学习专家负责规划整个项目、主导研讨过程及为课题推进提供帮助。

图 1-8 行动学习的五大要素

总体来说，行动学习建立在学习和实践相互联系的基础上，是一个反思、计划、实施、总结、再反思……的循环过程。

行动学习专家的三大职责

几乎所有关于行动学习的书，都会介绍行动学习的要素。五大要素也好，六大要素也罢，本质上都差不多。有较大差异的，主要是最后一个要素——行动学习专家。

（编者注：此处内容和前言中的部分内容重复，因为这部分内容对于读者理解书中观点至关重要，所以在此处重复出现，如因重复而删除此处内容，则会引起读者困惑。）

在行动学习项目中，围绕着"团队"，组织方希望行动学习专家能够兼顾"内容辅导"、"过程引导"和"思维引导"三方面职责，即期待行动学习专家符合 T-CFT 模型的要求。

- **职责一：内容辅导**。如果行动学习专家本身又是顾问，在很多课题的内容上有专业度，那么当团队确实卡在某处不能自拔时，可以帮助团队进行"内容辅导"。只是，在进行"内容辅导"时要多借助提问，而不选择直接告知。
- **职责二：过程引导**。"过程引导"也叫促动、催化，这一点与人们所熟知的行动学习专家职责一致，不做赘述。
- **职责三：思维引领**。要解决问题，"过程引导"固然重要，但如果缺乏了问题分析与解决的基本思维和工具辅助，会不会有"隔靴搔痒"的感觉？

从现实考量角度来看，在行动学习专家的"三大职责"中，对于"职责一：内容辅导"不能强求行动学习专家做到，但对于另两个职责则必须做到。

- 职责二：过程引导。
- 职责三：思维引领。

当一位行动学习专家，从单纯地提供"过程引导"，过渡到可以兼顾"思维引领"时，恭喜，你已经进入行动学习 3.0 时期了！

那么，有没有一些比较好的方法和工具来帮助行动学习专家践行行动学习 3.0 中的这三大职责呢？行动学习大三线模型可以助你一臂之力！

行动学习大三线模型

2018 年 8 月 15 日晚，电视上正在播放纪录片《大三线》，五岁儿子与我的"关于什么是大三线"的一段不经意的对话，引发了我的思考："大三线和我的行动学习是否有所关联？能不能把它们整合在一起为我所用？"基于这个思考，我整合了多年来的研究和实践，提炼出了"行动学习大三线模型"（见图 1-9）。

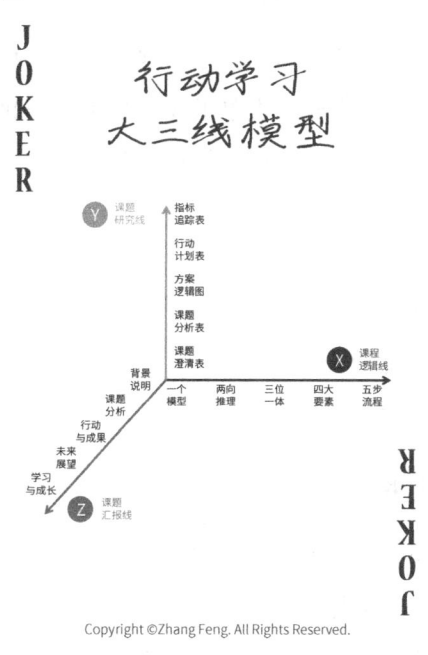

图 1-9　行动学习大三线模型

基于行动学习大三线模型的 X 轴、Y 轴和 Z 轴方向，可以延展出三类场景：学习场景（X 轴）、研讨场景（Y 轴）和汇报场景（Z 轴）。而这三类场景中涉及的方法和工具又会水乳交融：你中有我、我中有你。

1. X 轴：课程逻辑线

X 轴的课程逻辑线是行动学习专家的授课逻辑，可以简单总结为"一二三四五"。
- 一个模型。
- 两向推理。
- 三位一体。
- 四大要素。
- 五步流程。

2. Y轴：课题研究线

在教授行动学习方法论的同时，各小组会进行课题研讨。为了便于学员将课程逻辑线中的方法论运用到实际课题研究中，我设计了"课题研究线"。"课题研究线"由五张核心表单组成。当团队一起协作完成了五大表单时，课题研究便逐渐清晰了。五大表单具体如下。

- 表单01：课题澄清表。
- 表单02：课题分析表。
- 表单03：方案逻辑图。
- 表单04：行动计划表。
- 表单05：指标追踪表。

3. Z轴：课题汇报线

课题组边学边干、边干边学了三四个月，最终需要向上级进行课题成果汇报。充分理解了"课题汇报线"的逻辑及要求，并照此执行，既有助于厘清课题研究思路，也便于上级理解及评价课题成果。"课题汇报线"包含以下五部分。

- 第一部分：背景说明。
- 第二部分：课题分析。
- 第三部分：行动与成果。
- 第四部分：未来展望。
- 第五部分：学习与成长。

第 2 章　思维篇

——怎样思考才更靠谱

- X 轴：课程逻辑线
- 四大要素
- 两向推理
- 三位一体
- 一个模型

X 轴：课程逻辑线

"X 轴：课程逻辑线"是行动学习专家的授课逻辑，简单总结为"一二三四五"。

- 一个模型。
- 两向推理。
- 三位一体。
- 四大要素。
- 五步流程（将在第 3 章介绍）。

为了便于记忆，"X 轴：课程逻辑线"的记忆顺序是"二三四"；而在实际使用时，顺序却是"四二三"。

- **四大要素**。四大要素又称"核心四问"。做所有的课题，都是为了让这四大要素由不清晰变为清晰。当所有要素都清晰了，课题也就基本完成了。所以，哪个要素不清晰，就要探询哪个要素。
- **两向推理**。如何来探询不清晰的要素，以使其由不清晰变为清晰？主要运用的方法便是两向推理："向后推理"和"向前推理"。
- **三位一体**。在进行"向后推理"或"向前推理"时，"目的"和"目标"是核心，同时，除"本位"外，还需要转换到"他位"和"高位"进行思考，即"三位一体"。
- **一个模型**。一个模型中整合进了"四二三"。所以，要么掌握"四二三"，要么掌握"一"，两者得一即可。

因此，本章的呈现顺序为"四二三一"。

四大要素

"四大要素"也称"核心四问"，如图 2-1 所示。几乎所有层面的问题解决，都涉及"四大要素"。当"四大要素"都由不清晰变为清晰时，问题分析也就完成了。余下的，便是实践了。

无论是使用"两向推理""三位一体"，还是"五步流程"，本质上都是为探询"四大要素"服务的,所以说,"四大要素"是思维的原点。

四大要素:目的

"目的"也叫"价值/意义",是组织发起某一课题的"初心",如图 2-2 所示。换句话说,正是出于某些"价值"考量,组织才发起了某一课题。

♥4 核心四问

- 为啥要干这事儿
  【目的:Why】
- 得做成啥样
  【目标:What】
- 需要了解点啥
  【现状/限制:What】
- 打算咋办
  【路径:How】

Copyright ©Zhang Feng. All Rights Reserved.

图 2-1 核心四问

♥5 目的

- "目的"也叫"价值/意义",是组织发起某一课题的"初心"
- 探询"目的"的优先级,要远大于"目标"
- 绝对不可以"目标"达成了,却伤害了组织的"初心"

Copyright ©Zhang Feng. All Rights Reserved.

图 2-2 目的

四大要素:目标

在未来的某个时间节点,人们期待达到的状态或结果,便是"目标",如图 2-3 所示。"目标"可以是定量的(含有指标项,如流失率、销售额、研发周期等),也可以是某些交付物(如起草并实施了《××激励方案》,设计了《××评价机制》等)。

关于"目的"和"目标",以下来画下重点。

- 探索"目的"的优先级要远大于探索"目标"。
- 绝对不可以"目标"达成了,却伤害了组织的"初心",也就是"目的"。

14 | 行动学习 3.0——从"过程引导"到"思维引领"

目标

- 在未来的某个时间节点，人们期待达到的状态或结果，便是"目标"
- 针对3个月的标准项目，"短期目标"的时间设置通常参考行动学习的结项时间
- "交付物"对于组织的价值，甚至远远大于指标成果本身

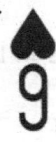

Copyright ©Zhang Feng. All Rights Reserved.

图 2-3　目标

F市政府部门讨论"如何降低投诉率"（探询"目的"和"目标"）　　案例 1

- 目标：我们习惯上会直奔主题，先定"目标"（事实上，应该先探询"目的"，之后才是"目标"）。从这个课题来看，"目标"比较容易定，如"和去年同期相比，今年下半年投诉率要降低40%"。
- 目的：那么，这个课题的"目的"是什么呢？"目的"不仅仅是降低投诉率，可能还包括：
  - ✓ 切实解决人民群众的困难；
  - ✓ 提升政府的公信力；
  - ✓ 推动政务改革；
  - ✓ 提升绩效考核排名；
  - ✓ 其他方面。
- 解析：如果本课题的"目标"达成了（大幅降低了投诉率），但伤

害了"目的"（没有解决人民群众的困难，政府的公信力也受损），则是得不偿失。

G 银行讨论"如何增加掌上银行 App 活跃客户数"（探询"目的"和"目标"） 案例2

- 目标：从这个课题来看，"目标"也比较容易定，如"3 个月内，将掌上银行 App 活跃客户数由 200 万个增加到 500 万个（按照行里规定，一位注册客户如果每月有 3 次登录，即被视为活跃客户）"。
- 目的：银行做这个课题，绝不仅仅是为了增加掌上银行 App 活跃客户数，可能的"目的"至少还包括：
  - ✓ 降本增效。以前是柜台办理，同一时间一个柜台只能为一位客户办理业务，日后希望同时能为大量客户办理业务，且费用还有所降低。
  - ✓ 发展业务。例如，吸引存款、销售理财产品等。
  - ✓ 增强客户黏性。G 银行希望与客户合作更紧密，绝对不希望客户转投他行。
  - ✓ 搜集大数据。如果一位活跃客户，每月都登录多次，但永远只干一件事儿——查看"信用额度"，那么，这位客户可能有用款需求，在风控评估没有问题的情况下，应该优先考量提高该客户的信用额度或贷款发放金额。
- 解析：如果 3 个月后，活跃客户数达到了 600 万个（大幅超出"目标"），是否一定意味着这个课题做得很好呢？未必！如果出现了以下任意一种伤害"目的"的情况，G 银行可能都会很不满意：
  - ✓ 效率没有提高多少，但成本居高不下（这与"降本增效"这一"目的"相悖）。
  - ✓ 客户只是在"登录"这事儿上比较活跃，但几乎不通过 App 办理任何业务（这与"发展业务"这一"目的"相悖）。
  - ✓ App 总闪退，想查的内容查不到，不想看的却总弹窗，客户体验特别差，于是大量核心客户不仅卸载了 App，而且还销户转投他行（这与"增强客户黏性"这一"目的"相悖）。
- ✓ 没有形成有效的大数据，所谓的精准营销依然是"胡杀乱打"（这与"搜集大数据"这一"目的"相悖）。

……

以上都是典型的达成了"目标"而伤害了"目的"的情形。一旦出现，则很可能成为 G 银行不能承受之重。

在现实工作中，人们往往很容易忽视"目的"，或者混淆"目的"和"目标"。其实，这两大要素是人们解题的起点，值得优先且重点思考。

四大要素：现状

当"目的"清晰后，课题研究的底线也就清楚了（绝对不可伤害"目的"）；当"目标"也清晰后，未来某个时间节点期待出现的课题状态也就清楚了。此时，需要继续探询"现状"。

在探询"现状"时，常见的情形是：团队过度放宽了"现状"的范围，耗费了大量精力却不得要领。换句话说，团队可能分析了大量的"现状"，而与"目标"强相关的却寥寥无几。

其实，"现状"是相对"目标"来说的。所以，人们需要结合"目标"来探询"现状"。结合"目标"，针对"现状"这一要素的探询，重点应该落在三句话上，如图 2-4 所示。

- 时间上，包含"过去"和"现在"。
- 空间上，包含"内部"和"外部"。
- 操作上，"5W+Why"是基础。

无论是"时间上"还是"空间上"的"现状"探询，"操作上"都与"5W+Why"密不可分。5W+Why=谁（Who）/哪个（Which）/什么时候（When）/什么（What）/哪里（Where）/为什么（Why），如图 2-5 所示。

第 2 章　思维篇——怎样思考才更靠谱

图 2-4　现状

- 时间上，包含"过去"和"现在"
- 空间上，包含"内部"和"外部"
- 操作上，"5W+Why"是基础

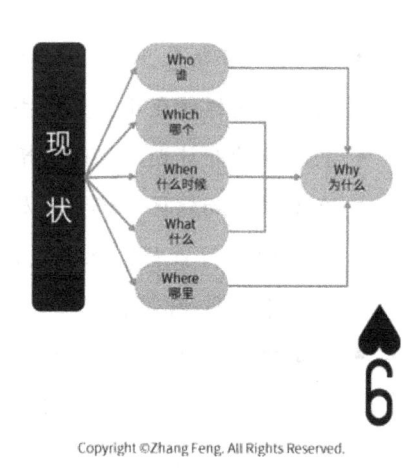

图 2-5　5W+Why

S 云计算公司讨论"如何提高云产品的覆盖率"（探询"现状"）　【案例 3】

- 过去两年来，按季度来看，我司云产品的覆盖率变化趋势是怎样的？为什么会有这样的变化？【过去/内部】
- 从目前的覆盖情况来看，有什么特点？【现在/内部】
- 哪个分公司/市场/渠道/产品/行业/客户，在云产品覆盖方面做得最好？他们是怎么做到的？我们可以借鉴的点有哪些？【现在/内部】
- 哪个分公司/市场/渠道/产品/行业/客户，在云产品覆盖方面做得最不好？主要原因是什么？【现在/内部】
- 哪个友商在云产品覆盖方面做得最好？他们主要是在哪些市场/渠道/产品/行业/客户上做得最好？他们是怎么做到的？我们可以借鉴的点有哪些？【现在/外部】

……

G供电局讨论"如何缩短非计划停电时长"（探询"现状"） 【案例4】

- 过去3~5年来，G市的非计划停电时长变化趋势是怎样的？为什么会有这样的变化？【过去/内部】
- 从目前的非计划停电时长情况来看，有什么特点？【现在/内部】
- 在本供电局辖区，哪个分局/区域/线路/时间/队伍在非计划停电时长方面做得最好？他们是怎么做到的？我们可以借鉴的点有哪些？【现在/内部】
- 在本供电局辖区，哪个分局/区域/线路/时间/队伍在非计划停电时长方面做得最不好？主要原因是什么？【现在/内部】
- 在南方电网内部，哪个局在非计划停电时长方面做得最好？他们是怎么做到的？我们可以借鉴的点有哪些？【现在/内部】
- 在国家电网内部，哪个局在非计划停电时长方面做得最好？他们是怎么做到的？我们可以借鉴的点有哪些？【现在/外部】
- 从全球范围来看，哪家公司在非计划停电时长方面做得最好？他们是怎么做到的？我们可以借鉴的点有哪些？【现在/外部】

……

N天然气公司讨论"如何减少库存"（探询"现状"） 【案例5】

- 问：过去3~5年来，本公司库存变化趋势是怎样的？为什么会有这样的变化？【过去/内部】
- 答：2015—2019年，业务年均增长35%，库存年均增长6%，库存整体控制得比较好。2016年引入的X系统是关键，但目前X系统的潜力挖掘空间有限。
- 问：从目前的库存情况来看，哪级物资/哪类物资/哪种物资/哪个

项目所占比重最多/影响最大？它们是怎么产生的？【现在/内部】
- 答：目前库存总金额3 512万元，其中，设备备件类项数所占比重为76%，金额所占比重为92%；A类物资金额占比63%；与三期扩建工程有关的物资库存占库存整体的52%。（在深入分析数据后，得出的重点研究方向有：减少设备备件类、A类物资，以及与三期扩建相关的物资库存。）
- 问：安全库存情况如何？【现在/内部】
- 答：在A类物资中，高压泵、低压泵、海水阀和配电系统等七类物资，高于最高安全库存，可减少600万~1 300万元库存。（后续将深入分析要减多少，以及具体怎么减。）
- 问：集团内部的哪个兄弟公司，在库存控制方面做得比较好？他们是怎么做到的？我们可以借鉴的点有哪些？【现在/内部】
- 答：集团内部，库存做得最好的是天津公司（业务规模与我们相当，但库存只有我们的40%）。天津公司主要是做了一、二、三、四（此处省略）。我们可以借鉴的至少有A、B、C三点（此处省略）。
- 问：从行业内/行业外来看，哪些友商/组织，在库存控制方面做得最好？他们是怎么做到的？我们可以借鉴的点有哪些？【现在/外部】
- 答：行业内，天津公司已是标杆。行业外，丰田公司做得最好，主要是他们做了五、六、七、八、九、十（此处省略）。目前我们可以借鉴的主要是D、E两点，未来可逐步考虑借鉴F、G、H三点。

……

对于大部分课题来说，探询的重点其实是"现状"。"现状"探询清楚了，课题的"路径"也就基本明晰了。

再次强调：结合"目标"，针对"现状"这一要素的探询，重点落在以下三句话上。

- 时间上，包含"过去"和"现在"。

- 空间上，包含"内部"和"外部"。
- 操作上，"5W+Why"是基础。

四大要素：限制

在组织中解决问题，一般会受到以下三重"限制"，如图2-6所示。

- **组织文化限制**。不同的组织文化会引导员工产生不同的行为。人们需要识别，在特定组织中，哪些行为是被鼓励和允许的，哪些是被禁止的。需要特别说明的是，组织文化未必有明确的对错之分，重点是需要思考行为与所处环境的组织文化的适配性。
- **资源限制**。在组织中，人、财、物和技术的资源都是相对有限的，而团队往往容易将某些资源设定为"要达成某个结果的前置条件（必备条件）"。换句话说，"有A资源才能做B事，没有A资源就做不了B事"。这种认知有时会极大地阻碍团队的行动。
- **心智模式限制**。心智模式关乎人们怎么看待这个世界，背后是深植于人们心中的各种经验和假设，它深受习惯思维、定势思维和过往经历的局限影响。个人和团队常常容易"画地为牢"，难以突破心智模式限制。

图2-6 限制

通常情况下，针对"限制"的分析是依附在"现状"盘点中的。也就是说，一般不会单独针对"限制"进行专门分析。同时，在"三重限制"中，心智模式限制最不容易被发觉，也最难被消除。所以，在行动学习过程中，人们需要不断检视个人和团队的心智模式，寻求突破。

Q 公司和 Y 公司案例（组织文化限制） 案例 6

　　那年 4 月，国内某时尚手机品牌 Q 公司全球工厂部门负责人齐聚 D 市，在工厂归一化管理大背景下进行行动学习第二阶段集中研讨。这次研讨距离第一次集中研讨过去了 6 周，课题已经有了一定的进展。其中，某组都是男士，课间我与这组有了下面的对话。

　　"兄弟们，咱们能不能再多花一点时间，把 PPT 改得能看一点？"我说。

　　"张老师，不能。"几位组员几乎异口同声地回应。

　　"为啥？"我很诧异。

　　"老师，您不知道，第二组上周就是因为 PPT 做得太好，被领导批评了。"组长说。

　　"没听懂，PPT 做得好，为什么要挨批？"听到他的解释，我更加一头雾水。

　　"领导说，这页 PPT 就三句话，用不到 2 分钟就敲完了，你们搞了 15 分钟还没弄完，是不是上班没事儿做了？"值班长快人一语。

　　此时，我突然意识到，这是组织文化在发挥作用。这家民企对于 PPT 的态度，与我接触的另一家通信企业 Y 公司截然相反。

　　假设 Q 公司的一位蛮有经验的老员工，跳槽去了 Y 公司，平时工作兢兢业业，一上会却拿出了新人水平的 PPT，多半会被认为是工作敷衍了事，不思进取。几次下来，想必这位同事除继续努力工作外，也势必会在 PPT 上多下一些功夫。

　　再假设 Y 公司的一位蛮有经验的老员工，跳槽去了 Q 公司，平时工作也很努力，一上会就拿出了精心准备的 PPT，很可能非但惊艳不了领导和同事，反而会被贴上"很善于做表面工作"的标签。有了这样的一两次经历，想必这位同事后续在展现精美 PPT 这件事上，可能更加谨慎。

我们无意评价Q公司和Y公司哪种文化好（组织文化或许没有好坏之分），只是这个例子很好地说明了组织文化对于员工行为的影响——我们身处组织之中，行为自然会受这一特定组织的约束。

回归到日常工作或课题研究之中，我们看到友商采取了一系列的行动，取得了市场的突破，但这并不意味着我们完全可以照搬。

我们看到业内都没有采用某种方式，而事实上，这种方式也的确存在较大风险。但如果这与我们的组织文化非常匹配，那并不意味着我们一定不能这样做。

"顺势者昌，逆势者亡。"做行动学习，我们提出的解决方案和行动策略，必须与组织文化相匹配。

N航空公司案例（资源限制） 案例7

第2年的5月，N航空公司将由T2航站楼整体搬迁到T3航站楼。入驻新航站楼后，国际中转航班的行李出错率会进一步升高，这与地服系统要求的"持续降低行李出错率"相冲突，于是相关人员组成团队来进行这一课题的研究。

在第一次研讨中，有学员提出"在T3航站楼设定N航空公司国际中转旅客VIP区"这样的"路径"。大家深入讨论后发现有以下两点困难。

- 首先，要想在T3航站楼设定N航空公司国际中转旅客VIP区，需要N航空公司高层与机场协商用地。如果机场满足了N航空公司，其他航空公司可能也会提出类似要求，资源明显不足，机场很难顾全。
- 其次，即使真的成功设定了N航空公司国际中转旅客VIP区，那么，需要同步增加两台行李安检机。这两台安检机将近3 000万元人民币，费用是需要海关出的，这面临着更大的困难。

如果以上两个资源能够满足，则课题达成"目标"便不在话下。但现实情况是，这两个资源，行动学习团队一个也拿不到。在没有资源的情况下，"目标"还必须达成，怎么办？

在此之前，团队一直将"在T3航站楼设定N航空公司国际中转旅客VIP区"作为课题解决的"前置条件"（在大家的心智模式中，认为："有这两个资源，课题才能推进；没有这两个条件，课题就完不成"）。所以，团队的关注重点，都是如何在组织内部争取这两个资源，而成员的主观能动性却没有发挥出来。

现在，经过认真研究，团队清醒且痛苦地意识到："无法在T3航站楼设定N航空公司国际中转旅客VIP区"，但"目标必须达成"。至此，大家才转变思路，充分发挥主观能动性，在几乎没有增加资源的情况下，4个月内使国际中转旅客行李出错率降低了36%。

在这个案例中，资源限制明显。同时，我们也能看到心智模式突破的影子。

R电梯公司案例（心智模式限制）

案例8

这一年，是某外资R电梯公司的成本管控年，为了助力上亿元的成本节约达成，公司启动了行动学习项目。有一个课题组长是该组的内容专家，且风格比较强势及保守——强势是说，他的沟通风格；保守则是说，他的思维开放度。这一组的课题研究，从一开始就打上了强烈的组长个人的烙印，令课题推动停滞不前。

组长的基本假设是：各个部门和岗位的人都不希望被管控，一旦我们提出了管控的策略，大家就会想方设法地逃避管控，而"我"和团队成员又没有那么多的精力去监督。最终就是产出一堆交付物，但都落不到实处。

课题推进了一个半月后，组长依然深陷已有的心智模式中不能自拔，这对课题的推动产生了严重的阻碍。此时，做太多的说服和分析工作，可能都无济于事。于是，我们改变了策略（篇幅限制，不做展开说明）。

- 首先，引导团队回顾并"目睹"项目开始这一个半月，小组内部成员及与项目有关人员的变化。

- 其次，鼓励大家去用心"感受"这些变化，引发情感共鸣，激起"改变"意愿。
- 最后，进一步推动大家产出"改变"计划。

随着团队交流的深入和课题的不断推进，组长的沟通风格也变得没那么强势，思维也越发开放，团队的整体氛围也随之变得更好。团队氛围的积极变化和课题的不断推进，也进一步强化了组长的新认知："个人的基本假设，并不总是正确的。多从不同渠道获取一些信息，有助于我们做出更好的判断。"

四大要素：路径

具体的解决方案，便是"路径"，如图 2-7 所示。其实，"路径"隐藏于另三个要素（目的、目标、现状/限制）之中。另三个要素厘清了，"路径"自然显现。

路径

- 是"路径"，还是披着"路径"外衣的"假设"
- "路径"一旦得以实施，可能同步带来哪些新的问题
- "最佳路径"如何才能变为"更佳路径"

Copyright ©Zhang Feng. All Rights Reserved.

图 2-7　路径

"路径"通常会有以下两种形态。
- 第一种形态：**共存型路径**，即路径 A、B、C、D、E 可以同时进行。大部分课题的最终"路径"，都属于"共存型路径"。所以，在后面的章节会重点介绍"共存型路径"。
- 第二种形态：**排他型路径**，即在路径 A、B、C、D、E 中只能选一个。评估"排他型路径"的主要难点在于，如何从"多路径"中找到并发展出"更佳路径"。

如何在"排他型路径"中，找到并发展出"更佳路径"？通常需要以下四步。

- 步骤一：设定标准。
- 步骤二：纵向评估。
- 步骤三：发展高潜。
- 步骤四：确定路径。

步骤一：设定标准。

更佳路径的选择，核心是评价标准的确定。而评价标准的确定，通常需要思考以下三个问题。

- 该"路径"一旦得以实施，对于"目标"的达成帮助有多大？
- 该"路径"一旦得以实施，同步会带来哪些负面结果？（例如，对于"目的"的伤害有多大。）
- 如果有"更佳路径"，那可能是什么？

"路径"的标准通常不止一个，不同组织不同课题的标准也可能差异很大。通常用得比较多的标准有：成本低、见效快、需要资源少、难度低、风险小等。在实操时，可以根据课题的复杂度选择适当的标准（一般包括3~5项标准），并进行排序。特别要提醒大家的是：这些标准需要运用"简单完整句"来表述（例如，"成本"这个词就不完整，而"成本低"则是简单的完整句）。

"步骤一：设定标准"环节完成后，形成路径评估表1，如表2-1所示。

表2-1　路径评估表1

不同方案	不同评估标准			
	评估标准一	评估标准二	评估标准三	优先级评估
待选方案 A				
待选方案 B				
待选方案 C				
待选方案 D				
待选方案 E				
待选方案 F				
待选方案 G				
待选方案 H				
……				

步骤二：纵向评估。

先选择优先级最高的标准，针对待选方案进行初步评估，确定符合程度（高、中、低）。切记，要先就某项标准进行方案评估，而不是拿一个待选方案，就几个标准进行打分。因为，评估标准的符合程度，在方案之间进行比较，才有意义。

"步骤二：纵向评估"环节完成后，形成路径评估表2，如表2-2所示。

表2-2 路径评估表2

不同方案	不同评估标准			
	评估标准一	评估标准二	评估标准三	优先级评估
待选方案A	中	中	中	3
待选方案B	高	中	中	2
待选方案C	高	中	高	1
待选方案D	低	中	低	
待选方案E	低	低	低	
待选方案F	低	中	低	
待选方案G	低	低	中	
待选方案H	中	低	低	
……				

步骤三：发展高潜。

框定几个高潜方案，并结合实际情况，进行再发展。例如，在"待选方案C"的单个评估标准中，只有"评估标准二"是中等符合度。如果能在保持"评估标准一"和"评估标准三"高度符合的情况下，将"评估标准二"的符合度也调整到高度符合，那就更棒了。

实操中，可供参考的提问如下。

- 在"待选方案C"的"评估标准二"中，其符合度真的是中等吗？中等符合指的是什么？
- 如果能够优化"待选方案C"，使得"评估标准二"和另两个评估标准一样变得高度符合（且并未伤害"评估标准一"和"评估标准三"的符合度），那可能的"待选方案C+"将是怎样的？
- 如果"待选方案C+"的"评估标准二"也变得高度符合，哪些人的参与将变得必不可少？

……

"步骤三：发展高潜"环节完成后，形成路径评估表3，如表2-3所示。

表2-3 路径评估表3

不同方案	不同评估标准			
	评估标准一	评估标准二	评估标准三	优先级评估
待选方案A	中	中	中	3
待选方案B	高	中	中	2
待选方案C+	高	中（变为高）	高	1
待选方案D	低	中	低	
待选方案E	低	低	低	
待选方案F	低	中	低	
待选方案G	低	低	中	
待选方案H	中	低	低	
……				

如果发展后的"待选方案C+"依然不能满足需求，团队可以尝试是否发展"待选方案B+"和"待选方案A+"。总之，我们希望尽可能发展出"更佳路径"。

步骤四：确定路径。

当团队成员一起经历过前三步，最终产出的"路径"（方案）质量也就更有保证，同时，团队成员对该"路径"的认可度也会更高，执行的动力也会更足。

关于在"多路径"中寻找"更佳路径"，再来画一下重点。
- 当有多个"路径"可选时，一定不要试图展开"路径竞争"。因为，在"路径竞争"时，团队成员很可能为了维护个人观点，而应激性地辩论，却忘记了这一环节的真正意义——找到"更佳路径"。

- "更佳路径"说的不仅是"路径"本身的更优，也包含了团队成员对于该"路径"产出过程的认可度，这将直接影响"路径"的后续落地实践。
- 为了让"路径"的后续落地实践更高效，上述产出"更佳路径"四步中的每一步，都需要与团队成员达成共识。**此时，需要时刻提醒自己："快即慢，慢实为快。"**

四大要素：小结

"四大要素"也称"核心四问"。几乎所有层面的问题解决，都涉及"四大要素"。当四大要素都由不清晰变为清晰时，问题分析也就完成了。余下的，便是实践了。

无论是"两向推理""三位一体"，还是"五步流程"，本质上都是为探询"四大要素"服务的，所以，"四大要素"是思维的原点。

事实上，"四大要素"也会相互影响。例如，"目的"和"目标"自然会影响对于"现状/限制"及"路径"的探询。同时，当在原有的"目的"和"目标"指引下，探询了"现状/限制"后，发现"路径"完全不具备可操作性时，团队很可能需要就此重新修正"目的"和"目标"（以使"目的"和"目标"更具现实意义），并且在接下来的"现状/限制"与"路径"的探询中，也会发生相应变化。理解到这一点，特别重要。

四大要素

案例 9

课题名称： 如何做好销售过程管理？
课题来源： GY 医药公司，中基层销售管理干部。

提问练习：

- 为什么要进行销售过程管理？【目的】
- 销售过程管理到底是为了解决什么问题？【目的/目标】
- 如果能够解决我们关注的问题，但不是通过这一课题实现，那可能的课题是什么？【目的/目标】
- 当做到什么程度时，就表示销售过程管理做好了？【目标】
- 衡量销售过程管理的好坏，除销售指标外，还应该有什么？【目标】
- 年底和明年分别要做到什么程度？【目标】
- 哪些团队的销售过程管理做得最好/最差？为什么？【现状】
- 我们在哪些医院的销售过程管理做得最好/最差？为什么？【现状】
- 我们在哪些科室的销售过程管理做得最好/最差？为什么？【现状】
- 什么时候的销售过程管理做得最好/最差？为什么？【现状】
- 过往我们在销售过程管理这方面做过哪些努力？效果如何？【现状】
- 需要用到哪些资源？从哪里能够获取这些资源？【限制】
- 可能的方案有哪几个？选择的标准是什么？【路径】
- 如果我们选择 B 方案，但同时也能够规避 B 方案在××方面的不足，那么，我们将如何进一步完善这一方案？【路径】
- 哪些行为在本公司是被允许及鼓励的？哪些是被绝对禁止的？【限制】
- 这些方案分别需要用到哪些资源？如果拿不到这些资源，而目标必须达成，我们需要如何发展方案？【限制/路径】

……

四大要素

案例 10

课题名称： 如何做好 M 款高通量自动化样本处理系统的全球推广？

课题来源：HD基因生物科技公司，中层干部。

提问练习：

- 为什么要进行全球推广？或者，全球推广的价值和意义有哪些？【目的】
- 当做到什么程度时，就表示全球推广做好了？【目标】
- 只是销量上去了，就能说明全球推广做得好吗？如果不是，那在哪些方面还应该有所突破？【目标】
- 年底和明年分别要做到什么程度？【目标】
- 高通量与低通量的核心差异是什么？适用国家/市场/策略会有什么不同？【目标/现状/路径】
- 哪些团队的全球推广工作做得最好/最差？为什么？【现状】
- 我们在哪些国家/市场的推广做得最好/最差？为什么？【现状】
- 我们最希望在哪些国家/市场的推广做得好？为什么？现在实际情况如何？【目标/现状】
- 过往，我们在全球推广方面，做过哪些努力？效果如何？【现状】
- 友商方面，谁的全球推广做得比较好？他们是怎么做的？【现状】
- 哪些同类产品的全球推广计划做得比较好？他们是怎么做的？【现状】
- 全球推广需要几步？目前我们处于哪个阶段？这一阶段有哪些工作必须做到位？我们的差距有哪些？应该如何规划？【目标/现状/路径】
- 需要用到哪些资源？从哪里能够获取这些资源？【限制】
- 可能的方案有哪几个？选择的标准是什么？【路径】
- 哪些行为在本公司是被允许及鼓励的？哪些是被绝对禁止的？【限制】
- 这些方案，分别需要用到哪些资源？如果拿不到这些资源，而目标必须达成，我们需要如何发展方案？【限制/路径】

……

实操演练 1

四大要素

课题名称：＿＿＿＿＿＿＿＿＿＿＿＿＿＿

提问练习：

-
-
-
-
-
-
-
-
-
-
-
-

两向推理

"两向推理"中的"两向"，指的是时间维度，包含了"向后推理"和"向前推理"，如图2-8所示。"向后推理"是看过去和现在，而"向前推理"则是看未来。

有一点必须要时刻清晰：无论是"向后推理"还是"向前推理"，其意义都是为了探询"核心四问"（四大要素）：

- 目的：为啥要干这事儿？
- 目标：得做成啥样？
- 现状/限制：需要了解点啥？
- 路径：打算咋办？

图 2-8 两向推理

两向推理：向后推理

"向后推理"意为"站在现在的节点，看'过去'和'现在'：'发生'了什么？我们'确知'些什么？还有哪些'改善空间'？"

"向后推理"中的几个关键词："过去"、"现在"、"发生"、"确知"和"改善空间"，以下单独列出来，深入解释下。

过去

"过去"是一个相对概念，从短期来说可以指一个月之前，从长期来说可以指几年前，具体要看课题的范围。针对超出课题范围太长时间的"过去"，探询的意义不大。

现在

"现在"近乎等于"最近一段时间"，它也是一个相对概念，可能是最近一两个月，也可能是最近一两年，具体也要看课题的范围。在"改善型课题"中，"5W+Why"所回答的，通常就是"现在"的指标。

发生

"发生"是指客观存在的某些信息或事件，无论你是否承认或了解到，它都真实存在。

确知

在那些真实存在的"发生"中，人们"了解到了"的，便是"确知"。这些"确知"，占到了"发生"的多大比例？哪些"发生"也应该"确知"但尚未"确知"？

改善空间

"过去"和"现在"的那些"发生"，尚未做到位的，便是"改善空间"。通过优化"改善空间"，人们得以探询出"路径"，并实现"目标"。

G市供电局讨论"如何推动综合能源电站落地"（运用"向后推理"思考） 〔案例11〕

- 目前全球范围内，综合能源电站有哪些优秀案例可借鉴？
- 国内的研究到了什么阶段？
- 南方电网对于综合能源电站项目的大致思路与规划是什么？
- G市供电局之前都做过哪些思考和尝试？结果如何？
- 关于试点选取，目前我们做了哪些工作？进展如何？
- 已经盘点的区域，哪些符合选址要求？
- 我们在传统电站上的经验，哪些会对综合能源电站规划有帮助？
- 综合能源电站与传统电站的区别是什么？
- 过往建设传统电站的主要困难是什么？
- 目前建设/推广综合能源电站的主要困难是什么？
- 从上海的经验来看，从设计到施工再到运行，各个阶段的难点和注意事项是什么？

……

两向推理：向前推理

"向前推理"意为"站在现在的节点，看未来：'目的'和'目标'是什么？有哪些**'趋势和方向'**会正向或负向影响到**'目的'**和**'目标'**？

要想达成'目标'及助力'目的'实现,'成功要素'有哪些?"

相较于"向后推理"来说,"向前推理"更为复杂。几个关键词中,"目的"和"目标"在前面章节已经详细介绍过了,所以这里只将"趋势和方向"与"成功要素"单列出来,深入解释下。

趋势和方向

趋势和方向是指在未来一段时间里(一般为未来1~5年),会对"长期目标"达成产生促进或阻碍的变量。具体来说,大致包含如下七个方面(PEST+3C)。

- P(Politics):政治方面。
- E(Economy):经济方面。
- S(Society):社会方面。
- T(Technology):技术方面。
- C1(Competition):友商方面(兄弟单位)。
- C2(Corporation):公司方面(组织内部)。
- C3(Customer):客户方面(群众方面)。

以上这些变量对于"目标"(尤其是"长期目标")的达成有促进或阻碍作用,为此,可以提前采取有针对性的措施。

- **促进因素**:想办法放大这些"促进因素",以便推动"目标"达成。
- **阻碍因素**:想办法规避或减弱这些"阻碍因素",扫清横在"目标"前的障碍。

成功要素

"成功要素"又称"充分条件",主要锁定在组织内部可控项上。换句话说,组织内部哪些方面都做到位,课题"目标"便可以实现。找到了"成功要素",再对照实际的"现状"(哪些方面还没达到"成功要素"的要求),便知道可以从哪里着手努力了。

G市供电局讨论"如何推动综合能源电站落地"（运用"向前推理"思考） 【案例12】

- 推动综合能源电站落地的价值和意义是什么？【目的】
- 做到什么程度就叫真正落地了？【目标】
- 如果需要做试点，试点的选择标准有哪些？【目标】
- 年底前必须要推动到哪个节点？【目标】
- 如何来判别在这个节点成功了？【目标】
- 与综合能源电站有关的技术演进趋势会如何变化？【趋势和方向】
- 国家的哪些政策会影响到综合能源电站的推广？【趋势和方向】
- 新能源车未来几年的市场需求会怎样变化？【趋势和方向】
- B端和C端未来几年对于综合能源电站的需求会有怎样的变化？【趋势和方向】
- 要想真正落地，我们必须要在哪些方面都做好？而目前我们在哪些方面比较有差距？【成功要素】
- 如果要想做好这件事，哪些部门和哪些人必须参与进来？大家需要如何协作？【成功要素】

……

在案例12中：对于"目标"达成有重要影响的"**趋势和方向**"，可能如下。

- T（Technology）：技术方面。储能设备技术上蓄势待发，不出一两年，就会有更大突破。
    - ✓ 电池循环寿命大幅延长。
    - ✓ 充/放电循环效率大幅提高。
    - ✓ 电池能量密度大幅提高。
    - ✓ 电池倍率特性明显变好。
    - ✓ 并/离网切换响应时间趋零。

以上这些技术方面的趋势都是全面向好的，属于"促进因素"，可以与相关组织和公司保持密切沟通，第一时间争取主动权。

- C2（Corporation）：公司方面（组织内部）。如果公司内部高层已经达成共识，未来 3 年在综合能源电站方面将投入大量资源，这就是"促进因素"，意味着可能争取到大量的相关支持。
- C3（Customer）：客户方面（群众方面）。如果评估后，发现未来 5 年的主要客户为医院和工业园区，且经济的基本盘很好，则课题研究的方向会更加聚焦于"主要服务医院和工业园区的综合能源电站建设"。

……

当识别出了这些"**趋势和方向**"，才能提早筹划。

在案例 12 中：要想达成未来几年的"**长期目标**"，"**成功要素**"（也称"充分条件"）可能包括以下内容。

- 政府引导机制。（这一条虽然属于外部，但确实太过于重要，所以也列了进来。）
- 产业链合作机制。
- 市场开拓机制。
- 人才培养机制。

如果以上这"四大机制"都做好了，"长期目标"就一定会实现的话，则这"四大机制"才能称为"**成功要素**"。那么，接下来要做的就是，再对照实际的"**现状**"（哪些方面还没达到"**成功要素**"，即"四大机制"的要求），便知道可以从哪里着手努力了。

关于"两向推理"，需要特别说明以下内容。

- **向前推理更系统**。相较于"向后推理"来说，"向前推理"的系统性更强，效果往往也会更好。同时，"向前推理"思考难度更大，需要投入的资源往往也更多。
- **向后推理好切入**。相较于"向前推理"来说，"向后推理"更多地是从未做好的地方着手做改善，所以通常好切入。同时，对于那些特别有挑战性的目标，只做"向后推理"可能难于达成。

- **向后推理最常用**。对于中基层来说，在日常工作中，针对非常多的场景需要把控好"现状/限制"，所以"向后推理"的运用频率最高，必须熟练掌握；而"向前推理"的运用，往往最能拉开人与人之间的思维差距。

两向推理

案例13

课题名称： 如何从优秀做到卓越

课题来源： B石油公司中国总部，高级管理人员。

提问练习：

- 公司为什么要在这个时候提出这一课题？或者说，完成这一课题对于公司的意义是什么？【两向推理】

- 当出现什么情况时，我们就知道已经做到卓越了？【向前推理】

- 我们定义的卓越，与同行定义的卓越，有何异同点？为何会有这些异同？【两向推理】

- 如果要多年才能做到卓越，那最快可能是多少年？为什么？【向前推理】

- 未来的1年、3年和5年，我们分别应该做到什么程度？【向前推理】

- （接上）为此，这对我们提出了哪些新的要求？【向前推理】

- （接上）反观现状，哪些项我们已经达标了，哪些差距巨大？为什么有些会差距巨大？【向后推理】

- （接上）这些差距巨大项，比较务实的提升目标是什么？为什么我们会这样认为？【向前推理】

- 过往我们在锚定卓越目标时，采取过哪些努力？这些努力中，哪些比较有效，哪些一直效果不好？哪些是一直无效但总是被反复提起的？为什么会这样？【向后推理】

- 有哪些因素会阻碍或助推我们做到卓越？这些因素未来的变化

趋势可能是怎样的？如何才能让我们更迅速地掌控这些变化？【向前推理】

- 要想做到卓越，必须要有哪些资源？通过什么方式会获得这些资源？【两向推理】
- （接上）如果这些资源完全拿不到，而目标却必须实现，我们有哪些备选方案？【两向推理】

……

两向推理

案例 14

课题名称： 如何将 H 款新能源车打造成爆款

课题来源： B 新能源汽车公司，中高级管理人员。

提问练习：

- 为什么要重点关注 H 车？【两向推理】
- H 车承载了公司的哪些期待？【向前推理】
- 当出现什么情况时，我们就说 H 车已经成为爆款了？【向前推理】
- 如果 H 车在北上广深卖得比较好，而在杭宁温哈等地销量不佳，这算不算爆款？为什么？【向前推理】
- 过往我们卖得比较好的新能源车型，都是怎么做到成为爆款的？这对我们有什么启发？【向后推理】
- 待到明年 H 车上市之时，主要的竞争车型有哪些？我们对于那些友商及车型来说，优劣势各有哪些？【向前推理】
- 今年年底，T 品牌的新能源车在上海就要量产，这对我们来说，意义是什么？【向前推理】
- 结合之前的情况推断来看，短期内 T 品牌和 W 品牌的新能源车仍有概率自燃，这对我们的影响是什么？【向前推理】
- 未来 1~3 年，在充电桩建设方面，政府的规划是怎样的？有哪些已落实？【两向推理】

- 未来的1年、3年和5年，我们分别应该做到什么程度？【向前推理】
- （接上）为此，这对我们提出了哪些新的要求？【向前推理】
- （接上）反观现状，哪些项我们已经达标了，哪些差距巨大？为什么有些会差距巨大？【向后推理】
- （接上）对于这些差距巨大项，比较务实的提升目标是什么？为什么我们会这样认为？【向前推理】

……

实操演练2

两向推理

课题名称：_____

提问练习：

-
-
-
-
-
-
-
-
-
-

三位一体

"三位一体"是指围绕着课题的"目的"和"目标",课题组的视角要更多元:不仅要站在"本位",还要站在"他位"和"高位"视角来进行更全面、长远的思考,如图 2-9 所示。

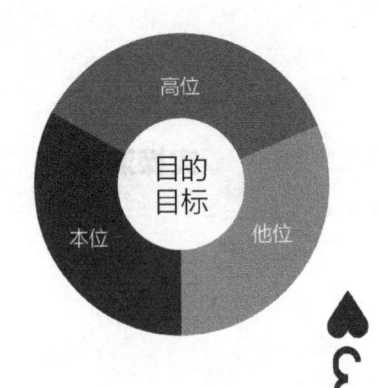

一体即"目的"和"目标"。

关于"目的"和"目标"的详细介绍,请参照"四大要素"部分。

三位即"本位"、"他位"和"高位"。

- 本位:这是一个相对的概念。可以是某个(些)具体负责人、某个(些)部门,甚至是整个组织,具体取决于课题的范围和团队成员的权限。

图 2-9 三位一体

- 他位:这也是一个相对的概念,"本位"以外的个人、团队和组织,都是"他位"。"他位"可能是组织内部的个人或团队,也可能包括供应商、渠道商和客户,甚至可能是竞争对手和国家相关部门。
- 高位:"高位"本身也属于"他位"的一种。"高位"的"高",具体体现在两个方面,一是站得高:至少要比课题组成员高两个级别(不止盯细节,更看整体);二是看得远:从未来视角来观察和思考(不止看眼前,更看长远)。

当团队围绕着"目的"和"目标"进行换位思考时,能够帮助人们更好地识别出不同视角的不同需求,并促进达成共识。

三位一体

案例 15

课题名称： 如何做好全员营销

课题来源： G 银行，网点负责人。

提问练习：

- 全员营销的目的是什么？【目的/高位】
- 从未来视角（如 3~5 年后）来看，全员营销的价值是什么？【目的/高位】
- 如果这一目的是 A，那么，是否一定要做这一课题？【目的/高位】
- 如果做另外的课题，也能达成这一目的 A，那课题名称可能叫什么？【目的/高位】
- 行里为何要在这一时刻提出/深化全员营销？【目的/高位】
- 当出现什么情况时，就表示全员营销做好了？【目标/高位】
- 年底及明年，分别做到什么程度，就表示已经在路上了？【目标/高位】
- 哪些部门/人员在全员营销这方面积极性最高/最低？为什么？【高位/他位/本位】
- 那些不积极的部门/人员，他们怎么看全员营销这件事？【他位】
- 从未来看来，哪些部门/人员必须深度参与进来，全员营销这事儿才会更靠谱？【目标/高位】
- 哪些部门/人员目前在全员营销上取得的成绩最好/最差？为什么？【高位/他位/本位】
- 哪些网点在这方面做得最好？他们是怎么做到的？【高位/他位/本位】
- 对于支行领导/分行领导/本行高层来说，全员营销的价值是什么？【目的/高位/他位】
- 从基层员工视角来看，高位视角与本位视角之间的核心矛盾是

什么？【高位/他位/本位】

……

三位一体

案例 16

课题名称： 如何做好跨部门协作

课题来源： S移动通信公司，区县公司负责人。

提问练习：

- 为什么要做好跨部门协作？【目的/高位】
- 当出现什么结果时，就表示跨部门协作做好了？【目标/高位】
- 在哪些业务/区县公司/场景中，最需要跨部门协作，却做得最不好？具体表现是什么？【高位/他位/本位】
- 在A场景中(如5G网络广度覆盖)，应该由哪个部门牵头推进？他们的主要困难有哪些？【他位/本位】
- 在A场景中（如5G网络广度覆盖），哪些区县公司/部门/人员支持与配合做得比较好？他们为什么会做得比较好？【高位/他位/本位】
- 从未来看来，在A场景中（如5G网络广度覆盖），还有哪些部门应该深度参与进来却没有做到？对他们来说，主要的困难是什么？他们的需求是什么？通过什么方式和渠道，才能够帮助他们消除困难并达成需求，进而提升协作效果？【高位/他位】
- 从未来视角看回现在，这对A场景（如5G网络广度覆盖）中的跨部门协作，提出了哪些新的要求？我们做得怎么样？【目标/高位/他位/本位】
- 从市公司领导视角来看，希望A场景中（如5G网络广度覆盖）我们做到什么程度？我们做得怎么样？【目标/高位/本位】

……

实操演练 3

三位一体

课题名称：_____

提问练习：

-
-
-
-
-
-
-
-
-
-
-
-

一个模型

"一个模型"即行动学习时钟模型（Action Learning Clock Model，ALCM），如图 2-10 所示。"一个模型"中整合进了"四二三"（也叫"思维工具四二三"）。所以，要么掌握"四二三"，要么掌握"一"，两者得一即可。

ALCM 的创造来源于 2017 年年中。年中的一天，来自某集团全球工厂的部分中层干部齐聚 D 市，讨论"工厂归一化管理"大背景下的行动学习实践。一天 12 小时的辅导令我疲惫不堪，但也意外催生出了 ALCM。

44 行动学习 3.0——从"过程引导"到"思维引领"

图 2-10 行动学习时钟模型

在 ALCM 中，我将行动学习的核心方法，创新性地设计到钟表上，易懂好用。ALCM 共分为以下三个部分。

- 把头设计："把头"表示"目的"，用于"调校"，属"本质"。
- 表盘设计："思维工具四二三"等重要内容镶嵌其中。
- 指针设计：操作层面，指针指引人们思考和回应表盘中的重要内容。

把头设计

"把头"是手表中用于"调校"的重要零部件，在 ALCM 中，"把头"表示"目的"，属"本质"。任何课题的分析与推进，首先都应该回到"目的"的探询上。"目的"变化了，"课题""目标"和"路径"都可能发生变化。

对于大量的课题，正是由于对于"目的"的探询不够深入，才最终做得不好的。

表盘设计

表盘设计一共分为三层，分别是：
- 中心层（第一层）；
- 第二层；
- 第三层。

表盘设计：中心层（第一层）

表盘中心层为"太极鱼"图形，寓意"人与事"、"内与外"和"纵与横"的平衡，不可偏废。

- **人与事**：纯技术团队研究课题时，容易掉进"事"中，而或多或少地忽略"人"的因素；纯市场团队研究课题时，则又可能过多关注在"人"身上，难于在理性分析（"事"）上投入更多时间和精力。
- **内与外**：从严格意义上来说，每个课题都需要"内外联动"（这取决于我们如何定义"内"与"外"）。只是，不同的课题，侧重可能非常不同。例如，**如何提高 XX 电池产品生产良率**这一课题，（在原料质量并非影响电池良率主因之一的情况下）更多地可能是要从"内部"的工艺与生产等方面着手进行分析；而**如何实现与渠道商合作共赢**这一课题，则必须要站在渠道商、竞争者和客户等"外部"视角来进行深入研究。
- **纵与横**：要充分考量"纵向"的上级与下属，同时也要思考"横向"的与我们配合的内部部门、经销商、供应商等的需求和关注点。例如，针对**如何做好全员营销**这一课题，在"纵向上级"层面，要分析公司推广全员营销的大背景、目的、目标、规划及可能投入等；在"纵向下属"层面，则必须要考量全员营销与个人本职工作之间的冲突、员工直接上司对此事的态度等；"横向"则要考量非销售部门员工进行营销的难点和各部门协作等。

无论什么课题，都需要留意以上这几个方面的平衡。所谓的平衡，是要结合具体的课题和团队实际，恰当拿捏（而非平均）。当然，这个很难量化，以下再通过两个案例来感受下。

S 网络安全公司讨论"如何提升我司网络安全产品的影响力" 案例 17

【解读】

- **人与事**：一提到影响力，有些伙伴会自然联想到（甚至等同于）客户关系，从而在"人"的方面投入过多资源。其实，本课题更应该在"事"上下足功夫，如弄清楚：什么是产品影响力？网络安全产品与其他产品有何不同？在产品影响力上，衡量维度有何差异？哪些友商在产品影响力上做得特别好？他们是怎么做到的？等等。

- **内与外**：网络安全产品的影响力，不是内部说有就有、说大就大的，这个要先从"外部"视角来看，搞清楚什么是影响力，以及如何衡量影响力。之后，对照看回"内部"，对比分析差距，再采取相应行动。本课题中，"外部"至少要和"内部"同等重要，甚至，可能要花费更多的时间和精力在"外部"研究上。通常情况下，团队更容易一头扎进"内部"，想当然觉得要优先把"内部"没做好的地方改善好（甚至只关注"内部"那些没做好的，而全然不管这些方面与课题"目标"之间的关联度），结果，可想而知。

- **纵与横**："横向"的客户视角，以及行业（友商）视角，对于我们产品的影响力至关重要。显然，本课题中，"横向"必须要有所侧重。同时，如果"纵向"上的掌舵人——公司老板出于战略考量，而对于未来的网络安全有一些新的预判和思考，那么，"纵向"也必须要深入。

A 新能源集团讨论"如何提高集团各工厂 AGV 使用率" 〔案例 18〕

【解读】

- **人与事**："AGV 使用率"听起来是个技术课题，通常公司也会倾向于把这个课题交给技术部门来负责，而技术部门可能更关注"事"。如果过度地从 IT 等视角来考虑"事"，而忽略了"人"的因素，效果可能事倍功半。事实上，类似的课题，因为忽视"人"的作用而导致效果不佳的，特别多。

- **内与外**：本课题中，与"外部"相比，更应该关注"内部"，如什么叫 AGV 使用率？AGV 使用率与 AGV 覆盖率和 AGV 运输率是什么关系？哪些工厂/车间/班组的使用率最高/最低？哪些工厂/部门/班组的最应该被提升？哪些原材料/产品的使用率最高最低？等等。

- 纵与横："横向"的各个部门，要如何配合才能够提高整体的AGV使用率自然要关注。同时，可能更为重要的往往却是"纵向"：高位的领导，以及一线的员工。高位的领导：他们要提高AGV使用率的背后考量是怎样的？最希望哪些工厂/部门/产品快速提高AGV使用率？他们对于不同阶段的目标要求又是怎样的？等等。而一线员工方面：为什么有时一线员工宁愿人工搬运，也不用AGV？为什么经常出现人与AGV争路权？通常一线有哪些不当的操作会导致AGV使用率不高？对接不成功时，通常要多少秒后操作工才会处理？为什么会等待这么久？一线员工对于推广AGV的态度到底是怎样的？等等。

表盘设计：第二层

表盘第二层为顺时针方向的"向前推理"，属于"方法"。"向前推理"意为"站在现在的节点，看未来：'目的'和'目标'是什么？有哪些'趋势和方向'会正向或负向影响到'目的'和'目标'的达成？要想达成'目标'及助力'目的'实现，'成功要素'有哪些？"运用"向前推理"，具体便是探询"目的"（为什么要做）、"目标"（要做成什么样）、"限制"（未来什么可能阻碍我们）和"路径"（可以怎么干）。

表盘设计：第三层

表盘第三层为逆时针方向的"向后推理"，属于"方法"。"向后推理"意为"站在现在的节点，看'过去'和'现在'：'发生'了什么？我们'确知'些什么？还有哪些'改善空间'？"运用"向后推理"，具体便是探询"现状"（现在是怎么干的）、"路径"（过去是怎么干的）和"限制"（过去/现在什么阻碍了我们）。

指针设计

- 时针设计:"时针"指向"本位"、"他位"和"高位",简称"三位"或"三视角"(对应为"三位一体"中的"三位")。团队要不断在"三位"中进行思维切换,充分考量好各方需求。
- 分针设计:"分针"指向"四大要素"("核心四问")之三,即"目标"、"现状/限制"和"路径"。在"目的"和"三位"考量清晰前提下,才能进一步聚焦探询"四大要素"之"三大要素"。
- 秒针设计:"秒针"指向"When / What / Who / Where / Which / Why / How many / How much / How"等提问词。整个 ALCM 的内容都需要落实到具体的提问词上,才能完成思考。

第 3 章　流程篇

——五步流程应如何规划

- 发现问题（S1）
- 澄清问题（S2）
- 分析问题（S3）
- 制订方案（S4）
- 管控过程（S5）

"X轴：课程逻辑线"是行动学习专家的授课逻辑，简单总结为"一二三四五"。

- 一个模型。
- 两向推理。
- 三位一体。
- 四大要素。
- 五步流程。

通常，学会"X轴：课程逻辑线"中的"思维工具四二三"，已经足够使人们应对日常工作中的挑战了。而对于系统化的课题研究，有了"思维工具四二三"的基础后，则需要继续借助"五步流程"（见图3-1）来有序推进。

- 发现问题（S1）：出了什么状况？
- 澄清问题（S2）：问题到底是什么？
- 分析问题（S3）：应该从哪些方面展开分析？
- 制订方案（S4）：系统性的打法是什么？
- 管控过程（S5）：过程中如何避坑？

图3-1 五步流程

表3-1有助于人们将"五步流程"与"四大要素"和"五大表单"进行对照理解。

表3-1 五步流程、四大要素与五大表单对照表

流　　程	任　　务	主要探询要素	对应核心表单（Y轴）
S1：发现问题 出了什么状况	请导师 选课题 组团队 建机制	（无）	（无）
S2：澄清问题 问题到底是什么	明目的 定课题 设目标	目的/目标	表单01：课题澄清表

续表

流程	任务	主要探询要素	对应核心表单（Y轴）
S3：分析问题 应该从哪些方面展开分析	询内容 配方法 制表单	现状/限制	表单02：课题分析表
S4：制订方案 系统性的打法是什么	得结论 出策略 排计划	现状/限制/路径	表单03：方案逻辑图
		路径	表单04：行动计划表
S5：管控过程 过程中如何避坑	闻味道 听节奏 除故障	路径	表单05：指标追踪表

发现问题（S1）

在行动学习圈儿，一直流传着"行动学习'五大怕'"这一说法（见图3-2）。

图3-2 行动学习"五大怕"

- **学员打酱油**。启动会上信誓旦旦，说好了一定会精诚协作，但在课题推动过程中，除组长外，其他人都无限静默。
- **专家玩太极**。领导下了死命令："3个月内课题必须要有突破。"学员们很努力，头脑风暴到发际线后移，但依然不知道应该怎么做。咨询行动学习专家意见，他却说"只做过程引导，不介入内容"。
- **课题难推进**。研讨现场大家参与度都很高，便利贴也花花绿绿地贴了满满一墙，但课程一结束，课题却少有推动。

- **产出不明显**。忙了 3 个月，终于迎来了结项汇报，各组 PPT 制作精美、几位汇报人慷慨陈词，但产出的成果很虚幻，全都是"××部门应该……""××领导应该……"，"总结汇报会"秒变"向上建议会"。
- **领导给差评**。花费了大量的人力和物力，折腾了几个月，成果却寥寥无几。领导觉得各组没有搞清楚问题的本质，还不如往常的自上而下命令式操作见效更快、成果更好。

"五大怕"之任何一怕一旦发生，HR 都会很扎心。为什么"行动学习'五大怕'"会成真？很大程度上，是源自项目前端设计上的不足。通过"发现问题（S1）"环节的"四大任务"（见图 3-3）设计，可以有效规避"行动学习'五大怕'"。

- 一请导师。
- 二选课题。
- 三组团队。
- 四建机制。

图 3-3 四大任务

1-1 一请导师（见图 3-4）

虽然并不是每个项目都能配备内部课题导师，但结合过往行动学习项目实操经验来看：那些做好导师配置的课题组取得成功的概率，要比一般课题组高出至少 5 倍！

什么人适合做导师？

- **有意愿**。有意愿是请导师的第一标准。如果课题是强行分配给导师

第 3 章 流程篇——五步流程应如何规划

的，而恰巧该导师认为这一课题价值不大，或者并不十分关注该课题，那么，该导师提供辅导的意愿性很可能不高。

- **有时间**。有意愿做导师，但最终没时间投入辅导的情况比比皆是，这对课题组的伤害是巨大的，尤其是有别的组做比较时。
- **职责匹配**。如果该课题原本就是该导师的职责范围（甚至是导师的领导原本就指定导师要做深入研究的），那么，当课题组遇到困难时，导师给予的内容辅导将对该组课题产生强势助推。

导师评价标准，如表 3-2 所示。

一请导师（1-1）

- 把控内容
- 提供资源
- 鼓舞士气
- 评价成果

图 3-4 一请导师（1-1）

表 3-2 导师评价标准

评价维度			建　　议
有意愿	有时间	职责匹配	
√	√	√	理想导师
√	√	×	导师辅导的内容可能落不了地
√	×	√	没有时间辅导，等于没有导师
×	√	√	没有意愿，大打折扣
×	×	√	无意义
×	√	×	无意义
√	×	×	无意义

过往大量的行动学习项目经验告诉人们：缺少了导师辅导和反馈的课题组容易状态低迷，常常受困于资源限制，对课题分析的深度也不够，课题成果难于达到预期。

导师的主要职责有哪些?

- **把控内容**。导师对课题内容的了解，通常要好于学员。同时，导师比学员级别高（导师通常比学员高一到两级），更能站在"高位"进行通盘思考。所以，当团队在内容层面卡住时，导师的解疑释惑有助于大家快速走出困境，避免跑偏。
- **提供资源**。当团队遇到超出自身职权范围的困难与挑战而无法逾越时，需要导师提供相应资源支持，帮助团队渡过难关。
- **鼓舞士气**。一个恰当的行动学习项目，一定不是自始至终一帆风顺的。导师需要多留心观察团队的状态变化，当团队状态低迷时，及时给予表扬和鼓励，帮助团队重拾信心、重回正轨。
- **评价成果**。当团队完成（阶段性）工作时，相应地，（阶段性）成果也就有所显现。此时，需要导师对课题成果进行反馈和评价，帮助学员提升广度和深度思考能力。

导师需要投入多少精力?

- 项目前期：选课题。
- 第一次工作坊：第一次工作坊一般为 2 天。其中，第一天上午 11:30—12:00 需要导师开题，与小组就课题背景与期望等方面沟通，时长约半小时。
- 后续工作坊：后续工作坊有 3~4 次（每次约一天），每次的第一个环节便是各组的阶段汇报，需要导师与行动学习专家组成评委团，一起给予评价和反馈。按照 4 个小组的标准设计来看，每次 1.5~2 小时，共 3~4 次。
- 两次工作坊之间：两次工作坊之间，课题组会向导师汇报课题进展及困惑，导师需要给予反馈和辅导，每次大约半小时，共 3~4 次。
- 结项汇报：导师进行课题结项评价，并为优秀团队和个人颁奖。

重要说明：

- 请导师的意义，并不仅仅在于确定导师这一件事儿上，更关乎"二选课题"和"三组团队"。

- 应该由导师来选课题。这样，导师一定会选择自己认为更为重要的课题（职责匹配），后续才更愿意花时间和精力与团队互动（有意愿、有时间），这是课题成败的关键。
- 一个团队中如果大部分成员是随机入组的，那么，游离将成为项目过程中的常态，课题成果也将难以保障。所以，更好的操作是：当课题确定后，再结合课题实际情况，尽量安排强相关的人员入组组队。
- 有些伙伴会觉得在没有课题和团队的情况下，无法先行确定导师。关于这一点，详见后续案例。

1-2 二选课题（见图3-5）

选题方式通常有两种：自上而下和自下而上。

- **自上而下**：直接由领导（通常为导师）来指定课题。
- **自下而上**：由学员提出可能的选题（可以每位学员提一个选题，作为备选），然后由导师来最终敲定。

重要说明：

- 无论是选用哪种选题方式，都需要导师最终拍板，选出本组研讨课题（"自上而下"及"自下而上"中的"上"，通常指的就是导师），这对于项目的成功非常关键。
- 对于条件不允许配备导师的，选题依然要由相关上级领导确定（举例：如果全班30名经理学员中，有8个来自销售部门、7个来自制造部门、6个来自研发部门，那么，通常，请销售总监、制造总监和研发总监分别出课题，是恰当的）。

二选课题（1-2）

- 真实、重要、紧迫
- 与导师及学员强相关
- 与学员能力相匹配
- 期间可以有产出

Copyright ©Zhang Feng. All Rights Reserved.

图3-5 二选课题

那么，什么样的课题会比较恰当？

- **真实、重要、紧迫。**
  - ✓ a）课题非虚拟，而是真实存在的。
  - ✓ b）课题对于组织（或部门）相对重要，且需要尽快采取行动（如果课题不够紧迫，学员的投入度通常很难被完全激发出来）。
  - ✓ c）最好是业务课题（如果是管理课题，通常2~3个月学员都绕不出来，且很难见到明显成果）。

- **与导师及学员强相关。**
  - ✓ a）课题要与导师强相关，导师才有意愿投入时间做辅导和推进。事实上，这个课题最好在导师的完全职责范围内。
  - ✓ b）本班要有（足够数量）学员和该课题强相关，这个课题才能组得起队，在项目期间也才能采取行动实践（试想：一家制造型企业，如果本班学员全部都是销售部门和物流部门的，一个研发部门的人都没有，但非要讨论研发的课题，显然不恰当）。

- **与学员能力相匹配。**
  - ✓ a）如果课题太简单，单个学员或学员下属们组队就能完成，则让这批学员们组队进行行动学习是浪费资源。
  - ✓ b）如果课题太难，难到学员无论如何努力，也完成不了，则没有意义。
  - ✓ c）当课题难度稍高于学员能力水平，而又不超出学员职责权限时，这样才能既提升能力，又切实发展业务。

- **期间可以有产出。**
  - ✓ a）行动学习项目一般为3~4个月，所选课题最好能在此期间有产出。
  - ✓ b）如果在行动学习项目期间，课题完全不能实践，则变为理论研究，且研究的理论很可能是指向更高领导"应该"怎么做（学员层级却什么也做不了），其价值大打折扣。

选题的四大标准，可以细化为九个核心提问。选题评估表如表3-3所示。

表 3-3 选题评估表

评估维度	对应提问	回应
真实、重要、紧迫 a）课题非虚拟，而是真实存在的。 b）课题对于组织（或部门）相对重要，且需要尽快采取行动（如果课题不够紧迫，学员的投入度通常很难完全激发出来）。 c）最好是业务课题（如果是管理课题，通常2~3个月学员都绕不出来，且很难见到明显成果）	1）这是业务课题吗（强烈建议不要选管理课题） 2）这个课题足够重要，以至于值得学员做几个月吗（行动学习周期） 3）这个课题足够紧迫，需要立即展开研究且采取行动吗	
与导师及学员强相关 a）课题要与导师强相关，导师才有意愿投入时间做辅导和推进。事实上，这个课题最好在导师的完全职责范围内。 b）本班要有（足够数量）学员和该课题强相关，这个课题才能组得起队，在项目期间也才能采取行动实践（试想：一家制造型企业，如果本班学员全部都是销售部和物流部的，一个研发部的人都没有，但非要讨论研发的课题，显然不恰当）	4）这个课题在导师的完全职责范围内吗 5）这个课题，导师可以给予足够的内容辅导吗（如果导师层级组成团队，也未必能做好课题，强烈建议不要选） 6）有足够多与该课题强相关的学员能够组成团队吗	
与学员能力相匹配 a）如果课题太简单，单个学员或学员下属们组队就能完成，则让这批学员们组队进行行动学习是浪费资源。 b）如果课题太难，难到学员无论如何努力，也完成不了，则没有意义。 c）当课题难度稍高于学员能力水平，而又不超出学员职责权限时，这样才能既提升能力，又切实发展业务	7）这个课题与团队成员能力相匹配吗（如果课题太难，难到学员无论如何努力，也完成不了，则没有意义） 8）团队成员可以就该课题采取必要的行动实践吗	
期间可以有产出 a）行动学习项目一般为3~4个月，所选课题最好能在此期间有产出。 b）如果在行动学习项目期间，课题完全不能实践，则变为理论研究，且研究的理论很可能是指向更高领导"应该"怎么做（学员层级却什么也做不了），其价值大打折扣	9）团队成员一起努力，有机会在项目期间完成实践且有明显成果产出吗	

需要注意的是：此时选出的课题，只是大致方向，并非最终课题。之所以目前还不能完全确定出最终课题，是因为每个人对于问题的感知不尽相同，这需要利益相关人（大部分利益相关人应该出现在课题组中）一起进行深入探讨，具体将在"澄清问题（S2）"环节展开。

1-3 三组团队（见图3-6）

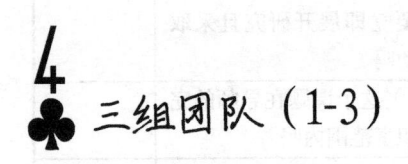

课题组人数一般控制在 6~8 人为宜。6 人以下，多元性不足，质量恐无保障；8 人以上，研讨效率太低，难以达成一致。在课题团队组建上，通常主要考虑如下四个方面。

- 相关性
- 投入度
- 多元性
- 有机会

- 相关性。
- 投入度。
- 多元性。
- 有机会。
- **相关性**。团队的大部分成员要与课题强相关。强相关具体又包含以下两个方面。
  ✓ 权限高：该成员（部门）手中有资源，对于课题成败影响大。

图 3-6　三组团队

  ✓ 利益高：该课题的成败，直接关乎该成员（部门）的利益。

在图 3-7 中：右上的双高，成员都应入组；左上和右下的单高，最好也要入组；左下的双低，可不予考虑。

- **投入度**。心不在焉的成员，反而会对课题推进造成负面影响。所以，如果可以把控，选人时，宁缺毋滥。
- **多元性**。团队成员的背景、岗位和思维方式等方面要尽量多元，这样才能打开思路，避免一叶障目。在操作层面，也要尽量考量各组

第 3 章　流程篇——五步流程应如何规划

间成员性别、年龄、学历、层级、性格和能力水平方面的均衡性。

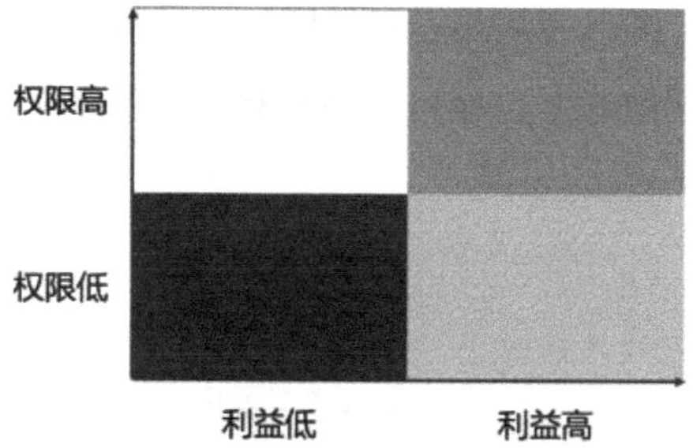

图 3-7　组队相关性矩阵

- **有机会**。成员与课题要匹配，在项目期间有机会产出成果。

组织引入行动学习的背景不尽相同，所以"一请导师"和"二选课题"有时会混在一起，很难严格区分出先后顺序。但要想课题能尽可能地做出成果来，团队成员与课题的强相关是重要考量之一，所以"选课题"还是要尽量排在"组团队"之前。

通常情况下，组织引入行动学习（项目），有以下两类情况。

- 第一类是在"业绩突破项目/专题研究项目"中引入。这类项目存在的价值，主要就是为了"业务发展"，且具体的几个课题通常都已确定（即先有课题，但这课题也应该是领导，甚至是导师来出的）。所以，与课题相关的领导自然应该成为导师，且与该课题强相关的人员应该组队。这类情况，通常操作相对比较简单，步骤也比较清晰。例如，在开门红、季度冲关和年终冲刺等项目中引入的行动学习，通常就属于这类情况。
- 第二类是在"领导力项目"中引入。有些组织每年都会有针对特定人员的领导力发展项目，只是以往更多是通过传统培训的方式实现的。通过引入行动学习，为这些常规培训课程的转化和落地，提供了出口，学员的能力也得以发展。在"领导力项目"中，通常待发展的学员群体（如某班的 30 位学员名单）已经确定，此时的操作，会稍微复杂一点。

针对上面的第二类情况："在领导力项目中引入行动学习"，具体如何选题和分组，后面会有案例进行详细介绍。

行动学习设计，讲求的就是三者的匹配：导师、课题、团队，如图 3-8 所示。这三者的匹配做好了，项目成功就有基础保障了。

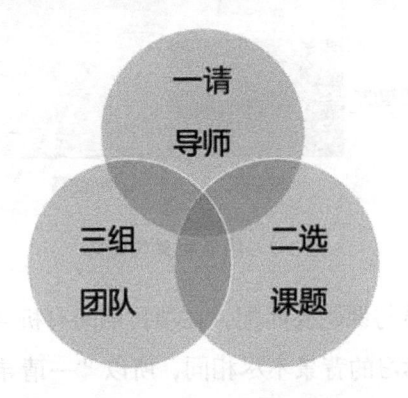

图 3-8　导师、课题与团队的匹配

一请导师、二选课题、三组团队

案例 19

项目名称：A 家电集团中层经理领导力项目

培养对象：A 家电集团中层经理，30 人。

基本信息：A 家电集团中层经理领导力项目今年计划引入行动学习的方式，研讨 4 个课题，且由部门总监担任导师。30 名经理级学员已经确定，学员名单如表 3-4 所示。

表 3-4　学员名单

条线/部门	人数（人）	是否为潜在出题部门
销售	8	是
制造	7	是
研发	6	是
厨电	5	是
物流	1	否
排单	1	否
财务	1	否
行政	1	否

我们看到，学员来自多个部门，其中销售（8人）、制造（7人）、研发（6人）和厨电（5人）学员最多，所以，潜在的4个课题，可能分别来自销售、制造、研发和厨电部门，具体如表3-5所示。

表3-5 潜在出题部门表

条线/部门	人数（人）	潜在出题部门
销售	8	是
制造	7	是
研发	6	是
厨电	5	是
物流	1	否
排单	1	否
财务	1	否
行政	1	否

- **一请导师**：明确了出题部门后，课题导师也就确定了，分别由销售、制造、研发和厨电总监来担任导师（并出题）。导师名单如表3-6所示。

表3-6 导师名单

课题来自部门	一请导师
销售	销售总监：王××
制造	制造总监：张××
研发	研发总监：刘××
厨电	厨电总监：李××

- **二选课题**：导师确定后，请4位导师来出具4个课题（方向）。课题方向（初定）如表3-7所示。

表3-7 课题方向（初定）

课题来自部门	一请导师	二选课题
销售	销售总监：王××	如何提高××空调的销量
制造	制造总监：张××	如何降低××生产线的综合废品率

续表

课题来自部门	一请导师	二选课题
研发	研发总监：刘××	如何缩短中央空调产品开发周期
厨电	厨电总监：李××	如何规范厨电产品开发需求导入

- **三组团队**：4个课题（方向）确定后，再从30名学员中挑选合适成员进行组队，尽量确保与课题强相关的人员能够入组。

我们看到研发总监出具了课题："如何缩短中央空调产品开发周期"。此时，这个课题由研发的6位学员组队，就可以了吗？当然不行！如果完全由研发的小伙伴组队，则这一课题很难更好地顾及客户视角，很可能陷入"事"中不能自拔。

到底如何组队更适合这一课题的研究和推进？在回答这个问题之前，让我们先来思考如下几点。

- ✓ 谁比较清楚市场上需要什么产品？（销售）
- ✓ 谁比较清楚研发后产品的大货可行性及生产效率？（制造）
- ✓ 内部哪个板块的研发（周期控制）做得最好？（厨电）

至此，"如何缩短中央空调产品开发周期"这个课题小组，相对理想的组队也就更为清晰了。照此原则，4个课题的组队人员（部门版）如表3-8所示。

表3-8 4个课题的组队人员（部门版）

课题来自部门	一请导师	二选课题	三组团队
销售	销售总监：王××	如何提高××空调的销量	销售5人、制造1人、研发1人、物流1人
制造	制造总监：张××	如何降低××生产线的综合废品率	制造4人、研发1人、销售1人、排单1人
研发	研发总监：刘××	如何缩短中央空调产品开发周期	研发3人、销售1人、制造1人、厨电1人、财务1人
厨电	厨电总监：李××	如何规范厨电产品开发需求导入	厨电4人、制造1人、销售1人、研发1人、行政1人

怎么样，按照以上这样的步骤操作下来，"一请导师"、"二选课题"和"三组团队"一气呵成，是不是很方便？

一请导师、二选课题、三组团队

案例20

项目名称： Z电信运营商公司室经理行动学习项目

培养对象： Z电信运营商公司室经理，32人。

基本信息： Z电信运营商公司每年都会针对室经理等人开展领导力培养，以往主要采用课堂培训的形式。今年，计划引入行动学习方式，且由部门经理担任导师，首批32名培养对象已经确定，学员人数如表3-9所示。

表3-9 学员人数

条线/部门	人数（人）
市场	14
政企	9
网络	6
综合	3

我们看到，学员分布在4个条线上，且市场条线人员超过10人、综合条线只有3人，所以，潜在的4个课题，可能分别来自市场（2个）、政企和网络。潜在出题部门如表3-10所示。

表3-10 潜在出题部门

条线/部门	人数（人）	潜在出题部门
市场	14	是
政企	9	是
网络	6	是
综合	3	否

- **一请导师：** 明确了出题部门后，课题导师也就确定了，分别由市场、政企和网络的部门经理来担任。导师名单如表3-11所示。

表 3-11 导师名单

课题来自部门	一请导师
市场	市场部经理：王××
政企	政企部经理：张××
网络	网络部经理：刘××

- **二选课题**：导师确定后，请3位导师来出具4个课题（方向）。课题方向（初定）如表3-12所示。

表 3-12 课题方向（初定）

课题来自部门	一请导师	二选课题
市场	市场部经理：王××	如何提高家宽产品市场占有率
市场	市场部经理：王××	如何快速扩大主城区5G用户规模
政企	政企部经理：张××	如何快速实现集团专线业务覆盖
网络	网络部经理：刘××	如何做好5G网络广度覆盖

- **三组团队**：4个课题（方向）确定后，再从32名学员中挑选成员进行组队，尽量保障与课题强相关的人员能够入组。组队人员（部门版）如表3-13所示。

表 3-13 组队人员（部门版）

课题来自部门	一请导师	二选课题	三组团队
市场	市场部经理：王××	如何提高家宽产品市场占有率	市场5人、网络1人、政企1人、综合1人
市场	市场部经理：王××	如何快速扩大主城区5G用户规模	市场5人、网络1人、政企1人、综合1人
政企	政企部经理：张××	如何快速实现集团专线业务覆盖	政企5人、市场2人、网络1人、综合1人
网络	网络部经理：刘××	如何做好5G网络广度覆盖	网络3人、市场2人、政企2人

怎么样，按照以上这样的步骤操作下来，"一请导师"、"二选课题"和"三组团队"一气呵成，是不是很方便？

实操演练 4

一请导师、二选课题、三组团队

项目名称：_____

培养对象：

基本信息：

将学员分布情况填入表 3-14 中。

表 3-14 学员分布情况

条线/部门	人数（人）	潜在出题部门

- 一请导师、二选课题、三组团队。将课题来自部门、导师、课题和团队核心成员人数填入表 3-15 中。

表 3-15 请导师、选课题和组团队

课题来自部门	一请导师	二选课题	三组团队

1-4 四建机制（见图3-9）

"没有规矩，不成方圆。"行动学习项目中的机制分为三类，分别是：
- 运营设计（班级管控机制）。
- 积分设计（组间竞争机制）。
- 职责设计（组内约束机制）。

1-4-1 运营设计（班级管控机制）

- 能进能出。
- 可上可下。
- 自主管理。

"运营设计"（班级管控机制）的三大原则，具体如下。

能进能出。统一进行学籍管理，修不够阶段学分者，将被警告甚至被清退出项目；修够阶段学分但仍肄业者，会有后续负面影响。例如，F航空公司中层干部行动学习项目，设置了个人毕业分数，肄业者两年内不考虑薪水及职位调整。项目期间，大家都能积极主动承担课题子任务，并做深入研究和分享，

图 3-9　四建机制

以便修够学分。

可上可下。课题组组长是课题成败的关键人员之一。如果前期选错了组长，中期已经严重影响到了课题进展但不去纠正，后果可能是灾难性的。例如，×互联网公司行动学习项目，某组组长因个人原因根本无法履责，项目开始6周后，行动学习专家、项目对接人和HRD充分了解情况后，果断换人，后续课题突飞猛进，逆袭获得课题成果一等奖。

自主管理。项目前期做好造势工作，鼓励学员积极参与班委选举，成

立班委会。班委会成立后,项目组与班委会召开专门会议,明确班委职责权限,并就班级管理要点和协作机制进行充分沟通。

1-4-2 积分设计(组间竞争机制)

- 进展通晒。
- 有奖有罚。
- 积极施力。

"积分设计"(组间竞争机制)的三大原则,具体如下。

进展通晒。每次全班集中时,行动学习专家都会明确下一阶段的具体安排,之后各组展开实践并按时、按量、按质提交进展资料给班委会相关人员,由班委会相关人员统一提交给项目组,项目组第一时间通晒进展,并公示各组分数变化。

有奖有罚。努力进取的团队,在过程中和结束时都可能有奖励;做得不好的团队,可能受到"惩罚"(所谓的"惩罚",实由团队成员自行约定,用于激励组员努力完成课题挑战)。例如,B移动互联网公司行动学习项目,每次集中研讨时都会对上一阶段团队净增分数进行排名,获胜的团队将获得800~2 000元的活动经费。再如,A家电公司行动学习项目,最终未达成目标的团队进行了20千米徒步活动(该"惩罚"来源于项目启动时课题组的自行设计)。

积极施力。当课题组或课题异常时,行动学习专家(AL专家)、HR、班委、导师和组长五方要保持密切协作,积极施力,主动促进课题推进和课题组成长。五方一心,如图3-10所示。

图3-10 五方一心

1-4-3 职责设计(组内约束机制)

- 职责清晰。
- 承诺明确。

- 述职纠偏。

"职责设计"（组内约束机制）的三大原则，具体如下。

职责清晰。当选题和分组完成后，为了避免"团队学习"变为"个人学习"（团队课题变为课题发起人或组长一个人的事儿，其他人"打酱油"），需要对课题组成员进行明确分工。常见的职责分工如表3-16所示。

表3-16 常见的职责分工

角色	人数（人）	职 责	要 求
组长	1	1）带领团队完成课题，直接对成果负责	对课题熟悉，兼具领导能力
值班长	轮值	1）推动当期工作，确保课题推进；2）与下一任做好工作交接	除组长外，组员轮值，1~2周轮值一次
主持人	1	1）主持（课上与课下）研讨；2）维护研讨规则	目标感强，善于倾听
记录员	1~2	1）现场研讨和会议的计时及记录；2）过程中的文稿电子化	极具奉献精神，字迹清晰，写字/打字速度快
材料整合员	1	1）主导课题思路梳理；2）整合和完善汇报PPT	思路清晰，对课题熟悉，且PPT运用熟练
生活委员	1	1）安排场地及提供相应的后勤支持；2）每月组织团队活动	善于沟通，乐于服务

✓ 组长。组长要带领团队完成课题，直接对成果负责。所以，通常很多课题组的组长倾向于由与课题最强相关的"核心人员"担任。当然，前提是该"核心人员"也具有一定的领导能力。

✓ 值班长。由除组长外的其他人担任，可每1~2周轮值一次。值班长的职责主要是与组长配合，推动当期工作，确保课题有序推进。

✓ 主持人。主要负责主持（课上与课下）研讨，维护研讨规则。

✓ 记录员。负责现场研讨和会议的计时及记录，以及将过程中的文稿电子化。

第3章 流程篇——五步流程应如何规划

- ✓ 材料整合员。主导课题思路梳理，并整合和完善（他人分工协作完成的）汇报PPT。
- ✓ 生活委员。安排场地及提供相应的后勤支持，每月组织团队活动。

其中，"值班长"这一角色对于课题能否推进至关重要。建议在第一次研讨现场，就将未来几个月的值班表排定（见表3-17），避免后续排班不畅影响课题推进。

表3-17 值班表

周	日　　期	值班长
第1周	……	……
第2周	……	……
第3周	……	……
第4周	……	……
第5周	……	……
第6周	……	……
第7周	……	……
……	……	……

承诺明确。"没有规矩不成方圆。"当团队组建完毕，职责分工也明确后，团队成员需要一起来设计团队承诺。团队承诺书形式示例如图3-11所示。

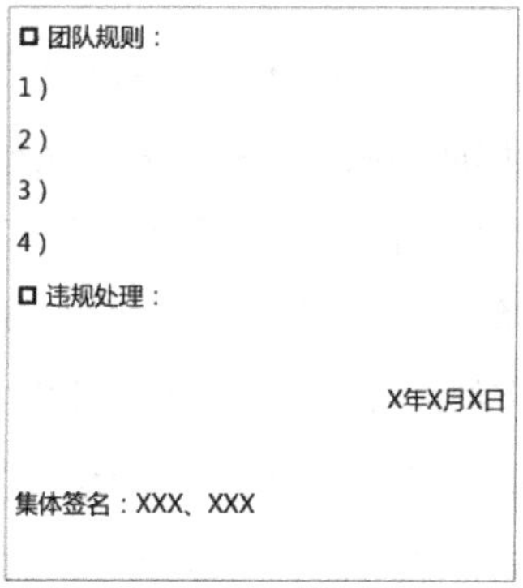

```
□ 团队规则：
1)
2)
3)
4)
□ 违规处理：

                          X年X月X日

集体签名：XXX、XXX
```

图3-11 团队承诺书形式示例

需要提醒的是，在"违规处理"方面，很多小组都会选择"发红包"这种方式，其实并不恰当。假设两个团队有两个规则，如表3-18所示。

表3-18　两个团队的规则

团　　队	团队承诺	组织反应	实际效果
A团队	开会不许迟到	乐捐50元	不好
B团队	开会不许迟到	教育/引导	更好

社会心理学领域有个理论叫"认知失调"，百度百科上的相关解释如下："认知失调理论是由美国社会心理学家费斯廷格提出的一种态度改变理论，是指个体认识到自己的态度之间或态度与行为之间存在着矛盾。费斯廷格认为，一般情况下，个体对于事物的态度和行为是相互协调的；当出现不一致时，就会产生认知不和谐的状态，即认知失调，并会导致心理紧张。个体为了解除紧张会使用改变认知、增加新的认知、改变认知的相对重要性、改变行为等方法来力图重新恢复平衡。"

我们设想一下，当A团队的一位成员迟到时，首先，他会"认知失调"（认知：开会迟到是不对的；行为：我迟到了）。然后，他希望调整为"认知协调"。于是，他交了50元的费用，"认知协调"了（认知上：开会迟到交了罚款是可以的；行为上：我交了罚款）。这一规则，其实是在变相地引导成员可以通过交"罚款"来"消除"迟到行为的负面影响。

我们同样设想一下，当B团队的一位成员迟到时，首先，他会"认知失调"（认知：开会迟到是不对的；行为：我迟到了）。然后，他希望调整为"认知协调"。现在，他面临两个选择：要么调整认知（不就是迟到两分钟吗，这不算什么），要么调整个人的行为（下次我早一点出发）。在这种场景下，大部分人会选择调整个人行为，这与B团队初期设定这一规则的期待一致：我们希望大家都能准时参会（而非收取罚款）。

回归到现实工作场景，当员工的某一行为给组织造成了5万元的损失时，不同组织有不同反应，结果也有明显差异，如表3-19所示。

想一想，我们现实工作中，有多少类似的场景？我们希望通过一些并不严厉的"惩罚"手段来让员工长长记性，后续别再犯类似的错误，但事

第 3 章 流程篇——五步流程应如何规划

实却恰恰相反？

表 3-19 不同组织不同反应的结果差异

组　织	组织反应	员工认知	员工行为（后续）	实际效果
A 公司	罚款 50 元	我给组织造成损失是不对的，我受到了处罚，两清了（认知协调）	可能不变	不好
B 公司	教育/引导	我给组织造成损失是不对的，但组织没有处罚我（认知失调）	我下次一定要更加认真工作（调整行为）	更好

述职纠偏。在后续的每次集中研讨时，团队成员都需要进行"内部述职"，内容大致如下。

- ✓ 上一阶段，我的主要角色是什么？
- ✓ 我都做了哪些工作？成果如何？
- ✓ 整体来说，我如何评价我的工作？
- ✓ 在上一阶段，我要特别感谢团队内部的哪位伙伴？为什么？
- ✓ 在下一阶段，我的主要工作是？需要哪（几）位伙伴如何配合？
- ✓ 我将如何努力，以便让我的下一阶段工作更出色？

通过阶段性的"内部述职"，个人得以检视自己的工作成效，团队成员也得以相互了解和彼此促进。

行动学习设计，讲求的就是导师、课题和团队这三者的匹配——这三者在有效机制下的匹配，如图 3-12 所示。导师、课题、团队，这三者的匹配做好了，项目成功就有基础保障了。

图 3-12 导师、课题和团队在有效机制下的匹配

把握好"项目启动前四大任务","行动学习项目'五大怕'"则会秒变"行动学习项目'五大爽'",如图 3-13 所示。

图 3-13 行动学习项目"五大爽"

澄清问题（S2）

"澄清问题（S2）",主要探询的是"四大要素"（核心四问）中的"目的"和"目标"。具体说来,有以下三大任务。

- 2-1 明目的。
- 2-2 定课题。
- 2-3 设目标。

爱因斯坦曾经说过:"假如我可以拿 1 小时来解决一个攸关性命的问题,我会把前面的 55 分钟用来决定应该怎么问问题,因为一旦我知道什么是正确的问题,就可以在 5 分钟之内解决问题。"

这听起来有些夸张,但在现实工作中,确实经常会出现这种情况:问题没找对,而我们却又特别努力,最终结果可能是指标非常好看,但组织损失相当惨重。

如何才能快速识别出真正的问题?"澄清问题的 Q12"会对我们非常有帮助!

澄清问题的 Q12

在"澄清问题（S2）"环节,有 12 个重要的问题需要回应。

2-1 明目的

✓ 什么触发了我们研究 A 课题？

✓ 或者说，出现了（或可能出现）哪些不希望出现的情况，让我们觉得有必要采取一些行动？

✓ 研究 A 课题，到底是为了什么（目的/价值/意义）？

✓ 如果目的是 x，那么，现在研究 A 课题是最合适的选择吗？或者说，如果存在更合适的课题 B，那么课题 B 可能是什么？

2-2 定课题

✓ 关于课题，高位的真实想法到底是什么？

✓ 什么样的课题，与学员的匹配度会更好？

✓ 我们到底应该研究什么课题？

✓ 运用"如何……"来描述，课题应该如何表述？

2-3 设目标

✓ 长期目标的规划时间是什么？当出现什么结果时，我们就知道课题做好了？

✓ （行动学习期间内）短期目标的规划时间是什么？目标应该如何设定？

✓ 这样设定短期目标，可能同步带来什么问题或困扰？

✓ 什么样的短期目标，对于长期目标的支撑会更好？

以上的 12 个核心提问被称为"**澄清问题的 Q12**"（简称"**Q12**"）。Q12 要想一次性都回应好，其实难度很大，背后需要有大量的信息作为支撑。实操中，在回应"Q12"前，行动学习专家需要引导团队进行思维的"先发散后收敛"，而常用的方法，便是"问题风暴法"。

问题风暴法

"问题风暴法"，就是在短时间内进行大量的提问（和回答），借此来实

现四个共享，如图 3-14 所示。

- 共享背景：了解课题的背景信息。
- 共享问题：交流对课题的认知。
- 共享观点：浮现各自的假设及判断。
- 共享障碍：共享彼此的担忧及困惑。

"问题风暴法"不同于"头脑风暴法"。"头脑风暴法"主要是针对"路径"想点子，而"问题风暴法"则是针对"四大要素"之"前三大要

图 3-14 问题风暴法

素"（"目的"、"目标"和"现状/限制"）做探询，至于"路径"，那是"前三大要素"探询后自然而然出现的结果。

为了让"问题风暴法"更好地发挥作用，团队成员需要共同遵守四个规则。

- 规则一：**开放式提问**。当有机会被回应时，相较于封闭式问题，开放式问题能够带来更大的信息量。
- 规则二：**不可问"HOW"**。当我们被问及"HOW"类问题（如何……）时，大脑会迅速聚焦在"四大要素"之"路径"上。而目前阶段，课题都未必确定，直接奔向"路径"，有可能误入歧途。如果有人不小心提出了"HOW"类问题，则可以在此基础上延展出多个非"HOW"类问题（如某人问出了"HOW"类问题："如何提高大家的积极性？"则团队可以延展出的非"HOW"类问题包括但不限于："都谁不积极？为什么不积极？他们都什么时候不积极？过往在希望大家变得更积极上，我们做过哪些尝试？哪些尝试效果比较好？"等等）。
- 规则三：**禁止批评**。为了激发团队的热情和创造力，与课题有关的所有提问都受欢迎，且不得批评。
- 规则四：**交织成网**。在已问问题的基础上，鼓励大家继续延展着问，这样提问才能由点串成线，由线连成面，发挥出更大效用。

在操作上，"问题风暴法"需要经过五步。

- 步骤一：背景介绍（发散）。

- 步骤二：一问一答（发散）。
- 步骤三：自由提问（发散）。
- 步骤四：快速回应（收敛）。
- 步骤五：确定共识（收敛）。

步骤一：背景介绍（发散）。 由课题发起人（通常是导师）导入必要的背景信息，并介绍课题发起人的期待。一切与该课题有关的信息，只要课题发起人觉得有必要，都可以介绍。本环节一般为5分钟。

步骤二：一问一答（发散）。 团队成员与课题发起人一问一答，以便深入了解情况。除"该如何开展这个课题"外的所有问题，团队成员都可以发问，课题发起人要尽力解答。本环节一般为10分钟。

步骤三：自由提问（发散）。 团队成员结合"思维工具四二三"进行提问，只问不答不解释，且所有提问都要被记录下来（建议写在大白纸上，或者用电脑投影，总之，需要本组所有人都能同时看到这些提问）。视乎课题难度和团队状态，问题数量一般为40～70个，时长为30～45分钟。

特别说明： "2-1 明目的/2-2 定课题/2-3 设目标"中的"Q12"，也会出现在"步骤一二三"中的某些地方。如果你在问题解决方面非常擅长，可以考虑直接运用"Q12"；否则，更建议你与团队一起先"发散"后"收敛"，效果会更有保证。

步骤四：快速回应（收敛）。 在主持人的引导下，团队成员一起来讨论并回应刚刚提出的那些提问。针对这些提问的回应，一般会有3种情况。

- ✓ 第一种情况：如果团队达成一致，则简写答案。
- ✓ 第二种情况：如果团队中无人知道答案，则该提问放入"停车场"（在该提问旁标记"P"）。
- ✓ 第三种情况：如果团队成员意见不一致，且在相关成员各自解释澄清后，依然不能达成一致，则该提问也放入"停车场"（在该提问旁标记"P"）。

第二种和第三种情况，都产生了"P类提问"。这些"P类提问"，需要具体落实在行动计划中（要指定某人在规定的时间内完成某些动作，以便消除"P类提问")。这些由"P"转化而来的行动计划,几乎都是针对"现状"的调查研究。本环节一般为45分钟。

步骤五:确定共识(收敛)。经过了前四步,团队到底达成了哪些共识?需要进一步收敛到"目的"和"目标"上。本环节一般为20分钟。

在"步骤五:确定共识(收敛)"这一环节,通常我们会使用"表单01:课题澄清表"。("表单01:课题澄清表"是行动学习大三线中"Y轴:课题研究线"里的第一张表,该表单的具体使用,详见第4章。)

通过"问题风暴法"的五步,信息和观点得以在团队内部快速流动,帮助团队成员有效消除"聚光灯效应",并使团队在课题的感知上初步达成共识。

- **系统性**。不仅从"本位",而且从"他位",甚至"高位"(如组织视角)上看待问题。
- **深入性**。不仅是了解表层信息和观点,更在探询观点背后的假设、需求和价值观等。
- **一致性**:团队对于课题的理解产生共同认知。

至此,"四大要素"(核心四问)中,"目的"和"目标"这两个要素已经初步探询完。

澄清问题的Q12(S2) 〔案例21〕

课题名称:如何减少群众投诉量
课题来源:F市政府部门,管理干部。
提问练习:

- 2-1 明目的。
  - ✓ 什么触发我们研究A课题?(其他地市该项指标明显比我市要好,我市连续3年被通报。)
  - ✓ 研究A课题,到底是为了什么(目的/价值/意义)?(切实解决人民群众的难题、提升政府的公信力、推动政务改革、提升绩效考核排名等。)

- ✓ 如果目的是×，那么，现在研究 A 课题是最合适的选择吗？或者说，如果存在更合适的课题 B，那么课题 B 可能是什么？（如何提升绩效考核排名？如何做好群众投诉处理工作？如何提升政府的公信力？）

- 2-2 定课题。
  - ✓ 关于课题，高位的真实想法到底是什么？（群众投诉数量必须要减少；不得通过行政手段干预正常投诉；人民群众的切实关切要第一时间解决；一两年下来，本市政府的执政水平和公信力要有明显提升。）
  - ✓ 什么样的课题，与学员的匹配度会更好？（这些学员平时就需要考核投诉数量指标，该课题比较合适。）
  - ✓ 我们到底应该研究什么课题？（结合实操性来看，锁定在投诉量上比较恰当。）
  - ✓ 运用"如何……"来描述，课题应该如何表述？（如何减少投诉量？）

- 2-3 设目标。
  - ✓ 长期目标的规划时间是什么？当出现什么结果时，我们就知道课题做好了？（2 年后，投诉量较去年减少了 80%，政府公信力评分提高了 15%。）
  - ✓ （行动学习期间内）短期目标的规划时间是什么？目标应该如何设定？（和去年同期相比，今年下半年投诉数量减少 40%。）
  - ✓ 这样设定短期目标，可能同步带来什么问题或困扰？（团队只关注那些容易减少的投诉，而不考虑社会影响。）
  - ✓ 什么样的短期目标，对于长期目标的支撑会更好？（和去年同期相比，今年下半年 A、B 类投诉数量减少 40%。）

S2：澄清问题的 Q12（S2）

案例 22

课题名称：如何增加掌上银行 App 的活跃客户数

课题来源：G 银行，支行行长等。

提问练习：

- 2-1 明目的。
  - ✓ 什么触发了我们研究 A 课题？（各行都在做，且我行×分行在这方面做得特别不好，已被友商碾压。）
  - ✓ 研究 A 课题，到底是为了什么（目的/价值/意义）？（降本增效、发展业务、增强客户黏性、搜集大数据等。）
  - ✓ 如果目的是×，那么，现在研究 A 课题是最合适的选择吗？或者说，如果存在更合适的课题 B，那么课题 B 可能是什么？（如何推广理财产品？如何通过 App 促进 E 业务？如何推广掌上银行 App？）

- 2-2 定课题。
  - ✓ 关于课题，高位的真实想法到底是什么？（早期冲量是第一位的，但也不能全然不顾客户价值，否则，很可能导致大量资源被僵尸粉占据，影响效用。）
  - ✓ 什么样的课题，与学员的匹配度会更好？（这些学员主要负责掌上银行相关工作，讨论掌上银行活跃客户数增加很合适。）
  - ✓ 我们到底应该研究什么课题？（还是研究掌上银行 App 活跃客户数增加比较恰当。）
  - ✓ 运用"如何……"来描述，课题应该如何表述？（如何增加掌上银行 App 活跃客户数？）

- 2-3 设目标。
  - ✓ 长期目标的规划时间是什么？当出现什么结果时，我们就知道课题做好了？（到明年年底，掌上银行活跃客户数到 80 万个，且线上综合业务量占比由 2%提高到 25%。）
- ✓ （行动学习期间内）短期目标的规划时间是什么？目标应该如何设定？（3 个月内，将掌上银行 App 活跃客户数增加到 40 万个。）
- ✓ 这样设定短期目标，可能同步带来什么问题或困扰？（团队忽视客户质量，发展了更多的无价值或僵尸客户。）
- ✓ 什么样的短期目标，对于长期目标的支撑会更好？（针对活跃客户的定义，由"注册客户每月有 3 次登录"，优化为"注册客户每月有 3 次登录，且 3 个月内通过 App 办理不少于两笔业务"。）

S2：澄清问题的 Q12（S2）

案例 23

课题名称：如何降低流失率

课题来源：B 新能源汽车公司，中高层管理干部。

提问练习：

- 2-1 明目的。
    - ✓ 什么触发了我们研究 A 课题？（流失率居高不下，尤其是 T4 工程师培养周期长且流失严重，对工作造成很大影响。）
    - ✓ 研究 A 课题，到底是为了什么（目的/价值/意义）？（降低流失率、减少流失带来的影响。）
    - ✓ 如果目的是×，那么，现在研究 A 课题是最合适的选择吗？或者说，如果存在更合适的课题 B，那么课题 B 可能是什么？（如何降低 T4 工程师流失率？如何减少 T4 工程师流失带来的影响？如何缩短 T4 工程师培养周期？）
- 2-2 定课题。
    - ✓ 关于课题，高位的真实想法到底是什么？（在友商双倍工资挖人的情况下，我们很难短时间内大幅度降低流失率。现实

情况又不允许我们将该岗位工资调高1倍，所以，我们需要提高自身的造血能力，即将T4工程师培养周期由3年缩短为1.5年，抵消大量流失造成的影响。）
- ✓ 什么样的课题，与学员的匹配度会更好？（结合学员的权限来看，研究缩短T4工程师培养周期比较恰当。）
- ✓ 我们到底应该研究什么课题？（研究出一套缩短T4工程师培养周期的办法。）
- ✓ 运用"如何……"来描述，课题应该如何表述？（如何缩短T4工程师培养周期？）

- 2-3 设目标。
  - ✓ 长期目标的规划时间是什么？当出现什么结果时，我们就知道课题做好了？（在未来2年内，加速培养出60名T4工程师。）
  - ✓ （行动学习期间内）短期目标的规划时间是什么？目标应该如何设定？（3个月内，形成规范的培养方案，并完成第一阶段培养。）
  - ✓ 这样设定短期目标，可能同步带来什么问题或困扰？（培养方案可能与实际情况脱节，看着很漂亮，但不能有效缩短培养周期。）
  - ✓ 什么样的短期目标，对于长期目标的支撑会更好？（3个月内，形成规范的培养方案，该方案要经过T4已认证工程师、研发总监、生产总监和人力资源总监等10人组委会的认定通过，且第一阶段培养成果获得B+或以上评价。）

实操演练5

S2：澄清问题的Q12（S2）

课题名称：＿＿＿＿＿＿＿＿＿＿＿＿＿＿＿＿＿＿＿＿

课题来源：

提问练习：

- 2-1 明目的。
  - ✓ 什么触发了我们研究 A 课题？
  - ✓ 或者说，出现了（或可能出现）哪些不希望出现的情况，让我们觉得有必要采取一些行动？
  - ✓ 研究 A 课题，到底是为了什么（目的/价值/意义）？
  - ✓ 如果目的是×，那么，现在研究 A 课题是最合适的选择吗？或者说，如果存在更合适的课题 B，那么课题 B 可能是什么？
- 2-2 定课题。
  - ✓ 关于课题，高位的真实想法到底是什么？
  - ✓ 什么样的课题，与学员的匹配度会更好？
  - ✓ 我们到底应该研究什么课题？
  - ✓ 运用"如何……"来描述，课题应该如何表述？
- 2-3 设目标。
  - ✓ 长期目标的规划时间是什么？当出现什么结果时，我们就知道课题做好了？
  - ✓ （行动学习期间内）短期目标的规划时间是什么？目标应该如何设定？
  - ✓ 这样设定短期目标，可能同步带来什么问题或困扰？
  - ✓ 什么样的短期目标，对于长期目标的支撑会更好？

分析问题（S3）

"分析问题（S3）"，主要探询的是"四大要素"（核心四问）中的"现状/限制"。具体说来，有以下三大任务。

- 3-1 询内容：我们需要探询什么？
- 3-2 配方法：通过什么方法和渠道可以拿到这些内容？
- 3-3 制表单：通过什么样的表单分析，可以更为清晰？

需要特别说明的是，分析问题不仅是针对"现状/限制"，其实也包括"目标"。只是，针对"目标"的探询是"澄清问题（S2）"环节的重点，且已经基本完成了，所以在这里不再赘述。

在组织中，资源永远都是相对稀缺的。所以，在解题的过程中，我们需要找到能够影响80%结果的关键20%内容，精准发力，以小博大。

3-1 询内容：我们需要探询什么

具体有以下两种情况。

第一种：探询与"目标"对应的"现状"。

第二种：探询"目标"与"现状"之间的差距。

第一种：探询与"目标"对应的"现状"。 具体来说，是针对"分析对象"的"目标"对应的"现状"进行探询。这个"分析对象"，不仅是课题的"指标项"或"交付物"，也包含与该"指标项"或"交付物"息息相关的其他内容。

H汽车配件公司讨论"如何降低废品率" 【案例24】

- 目标：废品率降低到0.02%。
- 现状：废品率为0.05%。
- 分析：首先，可针对"指标项——废品率"的"现状"（废品率0.05%）展开分析（如运用"5W+Why"将0.05%进行细分等）；其次，如果"原材料合格率"对"废品率"有很大影响，则可以继续针对"原材料合格率"的"现状"（原材料合格率为99.2%）展开分析。

X风能集团讨论"如何降低流失率" 【案例25】

- 目标：月均流失率为5%。
- 现状：月均流失率为9%。

第 3 章　流程篇——五步流程应如何规划

- 分析：首先，可针对"指标项——月均流失率"的"现状"（月均流失率为9%）展开分析（如运用"5W+Why"将9%进行细分，等）；其次，如果"日常加班时长"对"流失率"有很大影响，则可以继续针对"日常加班时长"的"现状"（日常平均加班时长每月为60小时）展开分析。

第二种：探询"目标"与"现状"之间的差距。具体来说，是针对"分析对象"的"目标"与"现状"之间的"差距"进行探询。这个"分析对象"，不仅是课题的"指标项"或"交付物"，也包含与该"指标项"或"交付物"息息相关的其他内容。

A奶粉公司讨论"如何提高会员复购率"   **案例26**

- 目标：会员复购率提高到70%。
- 现状：会员复购率为25%。
- 分析：首先，可针对"目标"（虽然"短期目标"定的是会员复购率为70%，但"理想目标"应该是会员复购率为100%，所以此时的"目标"我们选定为会员复购率为100%）与"现状"（会员复购率为25%）之间的"差距"（复购率差值=100%-25%=75%）展开分析（如运用"5W+Why"将这75%未复购的会员进行细分等）；其次，如果"促销活动"对"会员复购率"有很大影响，则可以继续针对"促销活动"的"现状"或"现状与目标之间的差距"展开分析。

M生物公司讨论"如何优化研发流程"   **案例27**

- 目标：短期无"指标项"（定量目标），交付物之一为《研发需求导入规范》。
- 现状：研发需求导入未形成规范，相关人员自由发挥较多。

- 分析：首先，可针对"目标"（产出交付物：《研发需求导入规范》）与"现状"（研发需求导入未形成规范，相关人员自由发挥较多）之间的"差距"展开分析（明确需求导入规范的标准操作，然后对照现实情况，找到差距，便于《研发需求导入规范》产出落地）；其次，如果"销售人员职责要求"对"研发需求导入"有很大影响，则可以继续针对"销售人员职责要求"的"现状"或"现状与目标之间的差距"展开分析。

3-2 配方法：通过什么方法和渠道可以拿到这些内容

方法包含但不限于如下几种。
- 访谈：通过谈话和聊天等方式，获取信息。
- 查阅：查阅相关记录和文档资料。
- 分析：逻辑分析、推断，使用这种方式要留意让利益相关人也参与进来。
- 请教：请教专家或掌握更多信息的人。
- 调研：（通过问卷等方式）调查与研究。

3-3 制表单：通过什么样的表单分析，可以更为清晰

"询内容"和"配方法"最终通过"制表单"来展现价值。所制表单包括如下大致内容。
- **变化表**。针对"改善型"课题（课题目标为"流失率"、"销售额"、"客户满意度"、"废品率"和"万元质量退货额"等），罗列出过往至今，该指标整体的变化趋势，并适度解释原因。这个时间跨度，可能是 6 个月，也可能是 3~5 年，具体要结合课题实际来看。
- **明细表**。与课题目标有关的现状（数据），运用"5W+Why"去细切，帮我们找到那可以撬动 80% 绩效的关键 20%，从而制订更有针对性的改善方案，避免大水漫灌，浪费资源。变化表通常是更长时间维度，看的是变化；明细表则指相对近期的数据，看的是分类明细（如

按产品分、按渠道分、按销售额分、按区域分、按客户分、按废品发生的工序分等）。

- **对标表**。有时，课题组可能完全没有思路，无从下手；或者，虽有一定的思路，但总觉得还不足够。此时，如果能够找到内部或外部的标杆，研究标杆是怎么做到的，并结合自身的情况进行再转化，不失为一条捷径。
- **原因表**。原因分析很多时候是必要的，而且鱼骨图等方法也已在各组织中广泛运用，所以不赘述。在此，需要特别提醒大家的是：
  ✓ 原因分析至少要追问三层，尽量找根因；
  ✓ 分析出来的根因，要收敛到"原因分析收敛矩阵"中，优先解决"内部/可控"项；
  ✓ 在完成明细表后再做原因分析，可能更有针对性；
  ✓ 原因分析有时需要嵌入流程分析中，才更有价值。
- **要素表**。还记得"向前推理"中的"成功要素"吗？要素表对应的就是这个"成功要素"：成功要素又叫充分条件，且主要锁定在组织内部可控项上。换句话说，组织内部哪些方面都做到位，则课题目标便可以实现了。
- **流程表**。针对强流程的课题，需要针对目前正在使用的流程或未来的理想流程进行分析，明确各个流程阶段的目标状态，并对照目前的操作制订改善计划。

> 注：此处介绍的仅为通用分析表单。针对某些具体课题，可能需要与该课题属性匹配的、更有针对性的分析表单。

制表单之五步法

在实操中，"分析问题（S3）"中的三个任务（3-1 询内容、3-2 配方法、3-3 制表单）具体是怎么实现的呢？操作如下。

- 第一步：绘制六宫格（收敛）。

- 第二步：形成初步表单（发散）。
- 第三步：锁定重点表单（收敛）。
- 第四步：设计表单表头（收敛）。
- 第五步：形成初步结论（收敛）。

第一步：绘制六宫格（收敛），如图 3-15 所示。横向为"过去"、"现在"和"未来"，纵向为"内部"和"外部"。

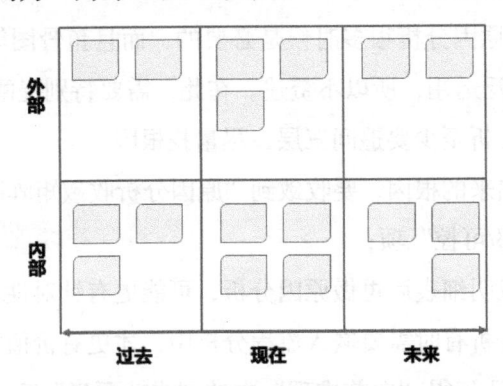

图 3-15 六宫格（收敛）：问题分析六宫格

第二步：形成初步表单（发散）。结合之前"问题风暴法"中获得的部分资讯，形成分析表单。将可能有的每张表单名称分别写在一张便利贴上，张贴在六宫格中的相应位置。为了避免从一开始就漏掉重要的分析内容，这一步建议每个格子都能有尽可能多的表单。

第三步：锁定重点表单（收敛）。将这些写有表单名称的便利贴对照贴在靶心图上的相应位置，如图 3-16 所示。根据"二八法则"，选出最为重要（也就是强相关）的几张表单（一般为 3~5 张），以便深入展开分析。选取重要表单，可以结合以下这些提问来思考：

- ✓ 这张表单，与课题短期目标之间的关系有多大？具体体现在什么地方？
- ✓ 如果这张表单再完善下，与课题短期目标之间的相关性就会更强，那么，这张表单叫什么名称更为恰当？
- ✓ 除选出的几张表单外，如果还有重要的表单要补充，那可能是什么？

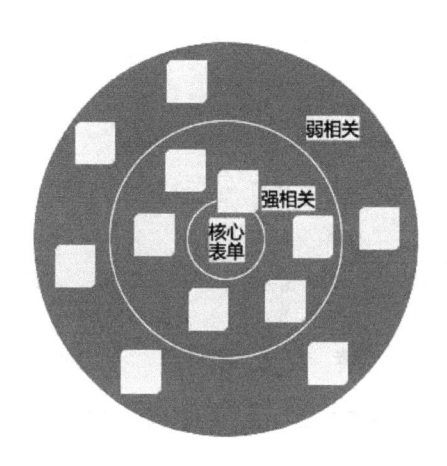

图 3-16　贴有表单名称的靶心图

第四步：设计表单表头（收敛）。将选出的重要表单，分别进行表头设计。在早期的演练中，设计出的表单表头初稿多半还有提升空间，所以不要急于做分析，而是要进行以下初步检查：

✓ 我们希望从这张分析表中获得哪些结论？
✓ 如果表头这样设计，我们能拿到那些想要的结论吗？
✓ 如果不能拿到那些想要的结论，表头还应该怎样优化？

第五步：形成初步结论（收敛）。分析问题不是目的，而是为了通过分析来形成结论（小结论），以便团队采取进一步的行动。

至此，完成了"表单 03：方案逻辑图"的前半部分："分析内容"和"小结论"。

在此基础上，我们才能继续：

- 汇总和提炼出"大结论"（4-1 得结论）；
- 结合"大结论"，针对性地"出策略"（4-2 出策略）；
- 结合"出策略"，再"排计划"（4-3 排计划），落实到具体的行动和人员上。

其实，"分析问题（S3）"的环节，是前面"X 轴：课程逻辑线"中"思维工具四二三"的综合应用，如图 3-17 所示。

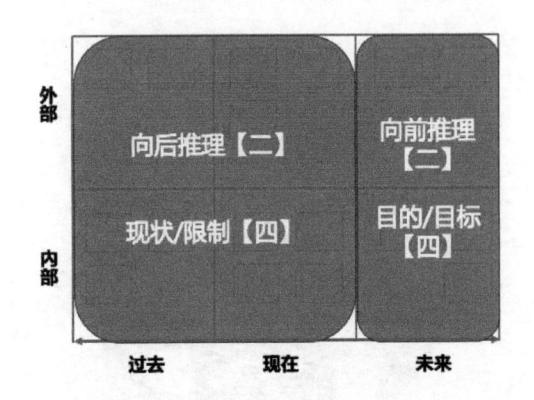

图 3-17 "思维工具四二三"在"分析问题（S3）"环节的综合应用

- "向前推理"便是看未来，主要探询四要素中的"目的"和"目标"。
- "向后推理"便是看过去和现在，主要探询的是四要素中的"现状/限制"。
- 在六宫格中，都涉及"本位"、"他位"和"高位"。

所以，当我们把"思维工具四二三"练熟了，分析问题的敏感度也就自然升高了。

至此，"四大要素"（核心四问）中，"目的""目标"和"现状/限制"这三个要素已经初步探询完。

分析问题（S3）

案例28

课题名称：如何提高杭州 YX（小区）的入户维修及时率
课题来源：H 置地集团物业公司，基层管理人员。
课题背景：

- H 置地集团子公司在沪、杭、宁、温 4 个市共有 21 个物业项目；
- 杭州 YX（小区）入户维修及时率指标不理想；
- 入户维修及时率=及时入户维修订单数/总入户维修订单数。

课题目的：

- 提高入户维修及时率；
- 缩短入户维修时长；

第 3 章　流程篇——五步流程应如何规划

- 提升物业管理水平；
- 提高业主满意度；
- 维护品牌形象。

课题目标：3 个月内，将杭州 YX（小区）的入户维修及时率由 96% 提高到 98.5%。

前期工作：经过问题风暴，课题组对于课题已经有了相对清晰的认识，也达成了部分一致。

分析表单：

第一张表是变化表，我们希望通过这张表单来了解过往 3 年该小区的"入户维修及时率"等相关信息，以及与华东的对比情况，具体如表 3-20 所示。

表 3-20　近 3 年杭州 YX 入户维修及时率趋势表（变化表）

年月	小区入住率	常规及时率	紧急及时率	整体及时率	华东平均	华东最高
前年 1 月						
前年 2 月						
……						
今年 6 月						
均值						

通过完成表 3-20 并对其进行分析，我们得出如下小结论。

- ✓ "小区入住率"由 32% 大幅提高到 83%，"维修及时率"略降 2%。（解读：从这一点上看，我们做得似乎还可以。）
- ✓ "整体维修及时率"低于华东 4 个市平均值 3 个百分点，与第一名差距更大。（解读：我们做得还有空间，有必要深入挖掘与标杆的差距，并参考标杆的做法。）
- ✓ "紧急维修及时率"只有 22%，远低于常规及时率。（解读：我们在"紧急维修及时率"上做得不好，似乎值得深入挖掘。）

第二张表是明细表，我们希望通过这张表来了解今年以来该小区入户维修的所有明细，具体如表 3-21 所示。

表 3-21　今年杭州 YX 入户维修及时率一览表（明细表）

日期	区域	房号	维修类别	紧急程度	接单时间	完工时间	标准时间	实际用时	是否及时	收费情况	回访情况

通过完成表 3-21 并对其进行分析，我们得出如下小结论。

✓ 紧急维修虽然只占到总量的 26%，但占了维修不及时中的 73%。（解读："紧急维修及时率"是当前阶段的重点之一。）

✓ 81%的维修不及时属于水管类维修。（解读：水管类维修是重点。）

✓ 68%的维修不及时发生在 18:00—21:30。（解读：下沉为"路径"，如可能需要通过提升水管工技能水平或调整排班等方式来缓解这一时间段的压力。）

● 第三张表是对标表，我们希望通过这张表单找到标杆，具体如表 3-22 所示。

表 3-22　今年华东 4 个市入户维修及时率对照表（对标表1）

城　市	项　目	及时率	合　计
上海			
	外滩 JL	99%	
杭州			
	杭州 YX	96%	

续表

城　　市	项　　目	及时率	合　　计
宁波			
温州			
合计			

通过完成表3-22并对其进行分析，我们得出如下小结论。

- ✓ 4个市中，上海最好，杭州最差。（解读：是因为杭州有什么困难，或者整体上有没做到位的吗？需要继续探询。）
- ✓ 项目中，外滩JL最高，及时率为99%。（解读：为什么它这么高？需要继续挖掘下。）
- ✓ 杭州YX在所有项目中分数最低，及时率仅为96%。（解读：我为什么做得最不好？需要继续挖掘下。）

第四张表也是对标表，我们希望通过这张表单来继续深入挖掘标杆为何能成为标杆，具体如表3-23所示。

表3-23　杭州YX与外滩JL入户维修对照表（对标表2）

	整体及时率	紧急及时率	常规及时率	人员配备	派单模式	奖惩机制	……
外滩JL							
杭州YX							
可借鉴点							
交付物							

通过完成表3-23并对其进行分析，我们得出如下小结论。

- ✓ 在派单模式上，上海外滩JL采用了……效果比较好，我们可以借鉴……（解读：下沉为"路径"。）
- ✓ 在奖惩机制上，上海外滩 JL 采用了……效果比较好，我们可以借鉴……（解读：下沉为"路径"。）

第五张表是流程表，我们希望通过这张表单了解该小区入户维修经过哪几个环节，以及各个环节的主要工作和耗时情况，具体如表3-24所示。

表3-24 杭州YX入户维修流程分析表（流程表）

	前台接单	前台录单	前台派单	工程接单	工程准备	工程上门	开始维修	完工确认	资料归档	客服回访
主要工作										
目前耗时										
主要问题										
解决措施										
预防措施										
交付物										

通过完成表3-24并对其进行分析，我们得出如下小结论。
- ✓ "前台接单"、"前台录单"和"前台派单"，这3个环节虽然耗时只有3分钟，但由于这3分钟的记录不够清晰准确，导致后面的维修时长大幅增加。（解读：可下沉为"路径"。）
- ✓ "工程接单"环节，维修工经常想当然，不和业主提前电话沟通确认详情，导致时常出现准备物资不足/错误的情况，浪费时间严重。（解读：可下沉为"路径"。）
- ✓ "开始维修"环节，也存在部分维修工维修技能水平不到位的情况。(解读:可下沉为"路径"。)

实操演练 6

分析问题(S3)

　　课题名称:＿＿＿＿＿＿＿＿＿＿＿＿＿＿＿＿＿＿＿＿＿＿

　　课题来源:

　　课题背景:

-
-
-

　　课题目的:

-
-
-
-

　　课题目标:

　　前期工作:经过问题风暴,课题组对于课题已经有了相对清晰的认识,也达成了部分一致。

　　分析表单:

- 分析表一:

　　小结论:

- 分析表二：

  小结论：

- 分析表三：

  小结论：

- 分析表四：

  小结论：

制订方案（S4）

"制订方案（S4）"，主要探询的是"四大要素"（核心四问）中的"现状/限制"和"路径"。具体说来，有如下三大任务。

- 4-1 得结论。
- 4-2 出策略。
- 4-3 排计划。

4-1 得结论

这一环节，重点思考：

- 每张分析表单，形成的小结论有哪些？（一般每张表单会得出 1~3 条小结论。）
- 几张表单都分析完，结合这些小结论，我们可以汇总和提炼出哪些大结论？（一般核心大结论为 4~6 个。）

4-2 出策略

这一环节，重点思考：

- 结合这些大结论，我们要确定什么样的应对和改善策略？
- 如果策略和之前的操作几乎相同，如何确保这次的就更有效？

4-3 排计划

这一环节，重点思考：

- 排计划要注意什么？（计划要无歧义、可操作性强，落实到人。）

制订方案五步法

其实,"制订方案(S4)"与"分析问题(S3)"这两部分是密不可分的,且在实操中也几乎是一同进行的。"制订方案(S4)"的步骤如下。

- 步骤一:形成分析结论。
- 步骤二:设计初步策略。
- 步骤三:验证初步策略。
- 步骤四:优化行动策略。
- 步骤五:排定行动计划。

第一步:形成分析结论。结合几张分析表单得出的小结论,汇总和提炼出大结论。核心大结论一般为4~6个。

第二步:设计初步策略。结合这些大结论,设计初步的策略。

- ✓ 策略一般为4~6个。如果策略太多,很可能颗粒度太细,需要进一步合并同类项。
- ✓ 策略的表述一般运用动宾结构。

第三步:验证初步策略。经过第二步而产出的是初步策略,这些初步策略需要进行"逻辑性校验"、"有效性校验"和"充分性校验",具体如下。

- ✓ 逻辑性检验:(结合"表单03:方案逻辑图")从左到右,能推出这些(初步策略)吗?
  - ◆ 通过完成表单,能够得出这几条小结论吗?还有遗漏或需要修正的吗?
  - ◆ 通过这些小结论,能够得出这几条大结论吗?还有遗漏或需要修正的吗?
  - ◆ 通过这些大结论,能够推出这些有用的策略吗?还有遗漏或需要修正的吗?
- ✓ 有效性检验:(结合"表单03:方案逻辑图")这些策略有用吗?
  - ◆ 这些策略,对"目的"有没有负面影响?
  - ◆ 如果对"目的"有负面影响,那该如何优化?

◇ 这些策略，与之前的操作有什么本质上的不同？

◇ 如果和以前的操作类似，如何保障这次的就会更有效？

✓ 充分性检验：（结合"表单03：方案逻辑图"）这些策略足够有用吗？

◇ 这些策略，足够我们达成"目标"吗？

◇ 如果不足够，还应该增加哪些"策略"？

第四步：**优化行动策略**。在第三步的基础上，对行动策略进行优化。

第五步：**排定行动计划**。结合产出的策略，排定无歧义、可操作性强且落实到人的行动计划——"表单04：行动计划表"。

至此，四大要素中，"目的"、"目标"、"现状/限制"和"路径"都已经初步探询完。

制订方案（S4）

案例29

课题名称：如何提高杭州YX（小区）的入户维修及时率

课题来源：H置地集团物业公司，基层管理人员。

课题背景：

- H置地集团子公司在沪、杭、宁、温4个市共有21个物业项目；
- 杭州YX（小区）入户维修及时率指标不理想；
- 入户维修及时率=及时入户维修订单数/总入户维修订单数。

课题目的：

- 提高入户维修及时率；
- 提升物业管理水平；
- 提高业主满意度；
- 维护品牌形象。

课题目标：3个月内，将杭州YX（小区）的入户维修及时率由96%提高到98.5%。

前期工作：经过"S3：分析问题"环节，团队分析了五张表单，并初步形成了小结论。

制订方案：

- 4-1 得结论。结合分析五张表单得出的小结论，我们汇总和提炼出的大结论如下。
    - ✓ 结论一：杭州 YX 维修及时率在 4 个市 21 个项目中排名垫底。
    - ✓ 结论二：紧急维修及时率大幅低拉低了整体数据。
    - ✓ 结论三：18:00—21:30 时间段的水管类维修不及时是重点。
    - ✓ 结论四：上海外滩 JL 是标杆，可借鉴之处较多。
    - ✓ 结论五：前台接单及派单环节对及时率指标影响重大。
    - ✓ 结论六：维修工的维修技能存在一定的差距。
- 4-2 出策略。结合以上六个大结论，我们制定了如下有针对性的策略。
    - ✓ 策略一：规范接派单操作。
    - ✓ 策略二：优化水管工排班。
    - ✓ 策略三：提升水管工技能。
    - ✓ 策略四：完善考核引领。
    - ✓ 策略五：加强过程管控。

此时，"表单 03：方案逻辑图"完成。

- 4-3 排计划。结合以上几个策略，分别制订详细的行动计划，如表 3-25 所示。

表 3-25　表单 04：行动计划表

何事（What）		何时（When）	何人（Who）
策略一：规范接派单操作	制作维修接单必问清单	7月2日前	张××
	制作维修派单交接列表	7月2日前	张××
	开展培训并开始实施	7月4日前	刘××

续表

策略一：规范接派单操作	总结优化并定案	7月15日前	刘××（张××配合）
策略二：优化水管工排班	……	……	……
策略三：提升水管工技能	……	……	……
策略四：完善考核引领	……	……	……
策略五：加强过程管控	……	……	……

实操演练 7

制订方案（S4）

课题名称：_____

课题来源：

课题背景：

-
-
-

课题目的：

-
-
-

课题目标：

前期工作：经过"分析问题（S3）"环节，团队分析了几张表单，并初步形成了小结论。

制订方案：

4-1 得结论：结合分析几张表单得出的小结论，我们汇总和提炼出的大结论如下。

- ✓ 结论一：
- ✓ 结论二：
- ✓ 结论三：
- ✓ 结论四：
- ✓ 结论五：
- ✓ 结论六：

4-2 出策略：结合上面的几个大结论，我们制定了如下有针对性的策略。

- ✓ 策略一：
- ✓ 策略二：
- ✓ 策略三：
- ✓ 策略四：
- ✓ 策略五：

4-3 排计划：结合以上几个策略，分别制订详细的行动计划，填入表3-26中。

表3-26　表单04：行动计划表

	何事（What）	何时（When）	何人（Who）
策略一			
策略二			

续表

	何事（What）	何时（When）	何人（Who）
策略三			
策略四			

管控过程（S5）

"管控过程（S5）"，主要是在实践的过程中不断完善和优化"四大要素"（核心四问）中的"路径"。具体说来，有如下三大任务。

- 5-1 闻味道。
- 5-2 听节奏。
- 5-3 除故障。

5-1 闻味道

行动学习中，存在着 A 和 B 两个团队。

A 团队：是指要想推进（或完成）这个课题，现实场景中最应该加入的那些人所构成的团队，也叫现实问题解决团队。这是个虚拟团队，所有人都与课题高度相关，人数可能与行动学习团队 B 相当，也可能远远超过行动学习团队 B。

B 团队：行动学习团队，通常由 6~8 个人组成，可能都与课题强相关，也可能只有个别人与课题相关。

虽然 B 团队才是行动学习团队，但课题要想推动得更好，B 团队一定要与 A 团队高度协作（可能是 A、B 并肩作战，但更有可能的是 B 团队利用访谈、调研、会议等方式，向 A 团队了解情况及争取 A 团队的支持)，绝不能 B 团队自己闭门造车。否则，课题成果很容易悬在半空。

A 和 B 任何一个团队氛围出了问题，都可能导致前功尽弃。所以，行动学习项目管控的重点之一，就是管控团队状态。而现实操作中，更多地则是直接管控 B 团队（有时也会通过管控 B 团队来适当影响 A 团队）。

在行动学习项目中，各个团队通常会经历五个阶段。为了便于大家阅读和理解，我将"行动学习项目五个阶段"单独列一节来呈现，详见下面内容。

行动学习项目五个阶段

在行动学习项目中，各个团队通常会经历以下五个阶段，如图 3-18 所示。

- 阶段一：产生兴趣。
- 阶段二：跌入陷阱。
- 阶段三：开始认真。
- 阶段四：持续发力。
- 阶段五：融入日常。

阶段一：产生兴趣，如图 3-19 所示。初识行动学习，感觉群体互动强、思维方法好，对于运用该方法推进课题满怀信心。通常这一阶段起始于第一次集中研讨时，终止于第一次作业研究时。

在阶段一，学员的状态通常比较好，学习的积极性不成问题。需要留意的是：行动学习专家在教授方法论（行动学习大三线）时，不仅要讲授行业内的案例，更建议多举一些行业外的案例，这样才能发散学员的思维，避免完全照猫画虎，不

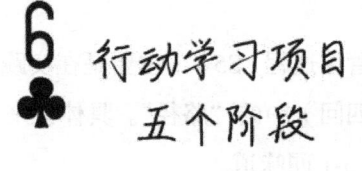

图 3-18　行动学习项目五个阶段

得要领。

阶段二：跌入陷阱，如图 3-20 所示。由于个人和团队对于行动学习方法论掌握不熟练，跌入"胜任力陷阱"，并有强烈地想要用回以前方式解决问题的冲动。

图 3-19　阶段一：产生兴趣

图 3-20　阶段二：跌入陷阱

什么是"胜任力陷阱"？

- ✓ 假设以往你有一种解决问题的"方法论 A"，这是一个 70 分的方法论，且你在该方法论上的胜任度为 90%，当你用该方法论来解决问题时，通常可以得 63（70×90%=63）分。
- ✓ 现在你学习了一种新的解决问题的"方法论 B"，这个方法论本身是 90 分，但经过一次课堂培训后，你对该方法论的胜任度只有 40%，所以当你用新方法解决问题时，只得了 36（90×40%=36）分，这个得分远小于原来的 63 分。于是，你便选择性忽视个人对于"方法论 B"的不胜任，而得出结论："还是原来的方法好"。

| 原来方法论A | 方法论：70分 | × | 胜任度：90% | = | 总分：63分 |

∨

| 新方法论B | 方法论：90分 | × | 胜任度：40% | = | 总分：36分 |

✓ 如果我们能够在"方法论B"的学习和实践中，再多花些精力，那么，假以时日，胜任度提升到了与"方法论A"同等水平（甚至更高水平）时，高低立现。

| 原来方法论A | 方法论：70分 | × | 胜任度：90% | = | 总分：63分 |

∧

| 新方法论B | 方法论：90分 | × | 胜任度：90% | = | 总分：81分 |

"阶段二：跌入陷阱"通常起始于小组第一次尝试作业时，且那些不太认真和努力的团队可能在此阶段停留很久。各组能否尽快走出"阶段二：跌入陷阱"，事关项目成败。所以，在这一阶段，行动学习专家（AL 专家）、HR、班委、导师和组长要密切协作，"五方一心"，积极助推各组顺利前行。

为了帮助团队尽快越过"胜任力陷阱"，管控方法包含但不限于以下几种方法。

✓ **方法论复习**：行动学习专家带领学员及时复习方法论（可能不止一次复习）。

✓ **课题反馈**：行动学习专家在课题辅导时，不断将方法论融合到具体的解题中，便于学员消化与吸收。

✓ **组间互助**：A 组提出针对方法论的疑惑，"下单"给 B 组；B 组提出针对方法论的疑惑，"下单"给 C 组……彼此互为师生，共同进步。

✓ **以教代学**：给各组布置作业，让学员提炼总结方法论，并教授给其他未参与行动学习项目的伙伴，甚至是向导师做方法论汇报。

阶段三：开始认真，如图 3-21 所示。项目进度已过 1/3（甚至过半），质疑过，抱怨过，也挣扎过，在进一步熟悉方法论的基础上，团队渐渐回归初心，开始认真对待。

在阶段三，团队的状态已经趋于稳定，也正在逐步接受行动学习方法论，但毕竟学员使用行动学习方法论的熟练度还不够，所以要避免冒进。此时，导师的作用无可替代。项目管理团队要与各组及导师及时沟通，积极促进导师反馈和辅导。

阶段四：持续发力，如图 3-22 所示。方法论基本已通、几乎掌握了 PPT 结构要求、课题也有了初步成果，这些增强了团队持续发力以获取更好课题成果和个人成长的信念。

图 3-21　阶段三：开始认真

图 3-22　阶段四：持续发力

一个标准行动学习项目（4 个小组，周期为 3～4 个月，集中研讨 4 次，共研讨 6 天），到结项时，大概会有超过一半的团队走到这一阶段。

阶段五：融入日常，如图 3-23 所示。行动学习方法已经熟练运用于工作场景之中，成为我们的思维习惯。此时，没有人再专门提及"行动学习"。

图 3-23　阶段五：融入日常

一个标准行动学习项目（4 个小组，周期为 3~4 个月，集中研讨 4 次，共研讨 6 天），到结项时，大概会有 1/10 的个人能走到这一阶段。

以上介绍了"5-1 闻味道"中的"行动学习项目五个阶段"，接下来，介绍"5-2 听节奏"。

5-2 听节奏

当经过"制订方案（S4）"的"4-1 得结论"、"4-2 出策略"和"4-3 排计划"后，团队便开始按计划进行实践。在实践的过程中，一般每周都要检查课题进展，所用表单便是"表单 04：行动计划表"和"表单 05：指标追踪表"。其中，"表单 04：行动计划表"在"制订方案（S4）"章节已经使用过。

在"表单 05：指标追踪表"中，最左列的"指标项"就是我们要追踪的对象，具体如表 3-27 所示。

表3-27　表单05：指标追踪表

指标项	指标值	计划/实际	月份A	月份B	月份C	月份D
		计划				
		实际				
		计划				
		实际				
		计划				
		实际				

"5-2听节奏"中的"节奏"，指的是课题任务的推进节奏，具体"听"的方法如下。

- 如果该课题填写了"表单05：指标追踪表"，而且上一周期内的"表单05：指标追踪表"异常，则要查回"表单04：行动计划表"，看是否按计划执行：如未按计划执行，则要调查原因，并及时跟踪计划执行；如已按计划执行（但指标追踪依然异常），则要优化"表单04：行动计划表"或"表单05：指标追踪表"中的"计划"项。
- 如果该课题中没有"表单05：指标追踪表"，则可只检查"表单04：行动计划表"并采取相应措施。

5-3 除故障

无论是"团队"还是"任务"出了状况，都要分析原因，并采取改善措施。但更为重要的，依然是项目的前期设计所涉及的以下方面。

- 一请导师：要请有意愿、有时间且职责匹配的领导担任导师。
- 二选课题：由导师选定课题，而且该课题与即将组队的学员职责和能力相匹配。
- 三组团队：强相关的成员入组，而且学员多元化、乐于投入。
- 四建机制：有完善的班级管控机制、组间竞争机制和组内约束机制。

除此之外，选择一位既拿手于"过程引导"，还可以兼顾"思维引领"（甚至"内容辅导"）的行动学习专家，也特别重要。

在课题实践过程中，团队成员的某些假设不断被验证或否定，相应地，团队也会对"四大要素"（核心四问）进行持续迭代。于是，直到课题结束时，才能说"四大要素"全部完成探询。

管控过程（S5）

案例 30

课题名称：如何提升社会渠道执行力
课题来源：Z 电信运营商公司，区县公司负责人。
课题背景：

- 随着业务的不断发展，社会渠道的价值也越来越明显；
- Z 电信运营商公司，通过社会渠道办理的业务量占到了总量的 40%；
- 与全省 20 多个地市兄弟公司相比，Z 电信运营商公司的社会渠道执行力偏低。

课题目的：

- 提升社会渠道业务量和服务水平；
- 提升公司对于社会渠道的管理水平；
- 提高社会渠道盈利能力和忠诚度；
- 提升电信运营商公司品牌形象。

课题目标：3 个月内，完成关于 Z 电信运营商公司社会渠道的 4 项指标。

- 社会渠道自带机 4G 转换率：提高到 85%；
- 社会渠道实名接触登记率：提高到 80%；
- 重点营销案一天内社会渠道知晓率：提高到 95%；
- 社会渠道业务办理差错率：降低到 0.8%。

前期工作：经过"制订方案（S4）"环节，团队已将策略排到了"表单 04：行动计划表"中，并已将课题目标按时间分解后形成了"表单 05：指标追踪表"。

管控过程：6 月第 1 周时，通过"表单 05：指标追踪表"了解项目进展，具体如表3-28所示。

表3-28　表单05：指标追踪表

指标项	指标值	计划/实际	5月W1	5月W2	5月W3	5月W4
社会渠道自带机4G转换率	85%	计划	76%	79%	81%	82%
		实际	76%	80%	82%	83%
社会渠道实名接触登记率	80%	计划	40%	45%	50%	65%
		实际	43%	49%	58%	**62%**
重点营销案一天内社会渠道知晓率	95%	计划	66%	70%	75%	80%
		实际	66%	70%	75%	**77%**
社会渠道业务办理差错率	0.8%	计划	3.25%	3.00%	2.80%	2.60%
		实际	3.15%	2.90%	2.70%	2.25%

此时，发现5月第4周的两个指标有异常。

- 社会渠道实名接触登记率：实际只有62%（应为65%）；
- 重点营销案一天内社会渠道知晓率：实际只有77%（应为80%）。

于是，团队迅速采取措施，"除故障"。

- 第一，查阅"表单04：行动计划表"，发现在5月第4周该采取的行动都已完成。
- 第二，团队成员一起讨论原因，发现原本应该排进"表单04：行动计划表"中的3项内容被漏掉了。
- 第三，将这3个遗漏项排进"表单04：行动计划表"中，并安排立即实施，追赶进度。（之后追踪发现，到6月第2周结束时，这两个指标的进展都超过了原来的计划指标。）

第4章 表单篇

——表单如何助力思维落地

- Y轴：课题研究线
- 表单01：课题澄清表
- 表单02：课题分析表
- 表单03：方案逻辑图
- 表单04：行动计划表
- 表单05：指标追踪表

Y轴：课题研究线

当团队运用"X轴：课程逻辑线"中的"五步流程"解决问题时，除第1步"S1：发现问题"外，余下的每一步进展都落在了"Y轴：课题研究线"中的"五大表单"上。

- 表单01：课题澄清表。
- 表单02：课题分析表。
- 表单03：方案逻辑图。
- 表单04：行动计划表。
- 表单05：指标追踪表。

"五大表单"与"五步流程"的对应关系，如表4-1所示。

表4-1 "五大表单"与"五步流程"的对应关系

五步流程	任 务	主要探询要素	对应核心表单（Y轴，五大表单）
S1：发现问题 出了什么状况	请导师 选课题 组团队 建机制	无	无
S2：澄清问题 问题到底是什么	明目的 定课题 设目标	目的/目标	表单01：课题澄清表
S3：分析问题 应该从哪些方面展开分析	询内容 配方法 制表单	现状/限制	表单02：课题分析表
S4：制订方案 系统性的打法是什么	得结论 出策略 排计划	现状/限制/路径 路径	表单03：方案逻辑图 表单04：行动计划表
S5：管控过程 过程中如何避坑	闻味道 听节奏 除故障	路径	表单05：指标追踪表

在第 3 章中，我们讲解"五步流程"时，其实也已顺带介绍了"五大表单"。由于"五大表单"比较重要，所以单独用一章来深入介绍。

表单 01：课题澄清表

- 表单名称："表单 01：课题澄清表"（见表 4-2）。
- 所处阶段：澄清问题（S2）。
- 探询要素：目的/目标。
- 使用时机：运用"问题风暴法"之后。

表 4-2　表单 01：课题澄清表

为何要研究这个课题【背景】	研究这个课题有何意义【目的】	到底应该研究什么课题【课题】	做到什么程度，就叫做好了【目标】
1.	1.	原始课题：	短期目标：
2.	2.	澄清后课题：	长期目标：
3.	3.		
4.	4.		
	5.		

"表单 01：课题澄清表"是 Y 轴的第一张表单，而且该表承载了"目的"与"目标"这两大要素，所以它的填写至关重要。"表单 01：课题澄清表"从左到右分为背景区、目的区、课题区和目标区。

- 背景区：（对应"Z 轴：课题汇报线"中的"1.1 课题背景"）导入必要的背景信息，便于受众初步了解课题的重要性。课题背景信息的导入，通常有以下三种方式。

- ✓ 数据导入。通过有冲击力的数据，直接切入。
- ✓ 案例导入。以典型案例开场，引人入胜。
- ✓ 逻辑导入。一般来说，逻辑导入很顺畅，但通常在引起共鸣上，逊色于前两种方式。
- **目的区**：（对应"Z轴：课题汇报线"中的"1.2 课题价值"）"目的"就是"价值和意义"，是发起这一课题的"初心"。在探询"目的"时，需要注意以下"三拉"。
  - ✓ 拉高。站在比自己至少高两级的视角，来思考"目的"。
  - ✓ 拉远。站在未来 3~5 年（甚至更远）来看本课题的价值。
  - ✓ 拉全。"目的"不止一个，通常为 3~5 点。
- **课题区**：课题区用于展现课题名称，具体有以下几点需要说明。
  - ✓ 在填写"表单 01：课题澄清表"前，"原始课题"需要已明确。
  - ✓ "澄清后课题"通常以"如何……"来描述。
  - ✓ 从经验来看，1/4 ~ 1/3 的行动学习课题需要重构。
- **目标区**：（对应"Z轴：课题汇报线"中的"1.3 课题目标"）用于描述课题"目标"，即到达某一时间节点时，课题的成果状态，具体分为"定量目标"和"交付物"两种。在目标设定上，有三点需要注意。
  - ✓ 先长后短设定。"短期目标"是为了更好实现"长期目标"服务的，所以，要先设定"长期目标"，再设定"短期目标"。
  - ✓ 最终必可量化。"目标"分为"定量目标"和"交付物"两种。针对所有课题，从长期来看一定有"定量目标"（在短期也希望有"定量目标"）。
  - ✓ 短期关注交付（物）。"交付物"是某些可以持续发挥效用的制度、流程、表单、案例及系统等，可以是"从无到有"（新增）的，也可以是"从有到优"（优化）的。针对所有课题，在"短期目标"中一定有"交付物"，且短期重点关注的也是交付物。

完成了"表单01：课题澄清表"后，"四大要素"（核心四问）中的"目的"和"目标"这两个要素已经初步探询完了。

同时，"Z轴：课题汇报线"中的"第一部分：背景说明"也就可以填写了。

表单01：课题澄清表

案例31

课题名称：如何提升跨部门协作能力

课题来源：D电信运营商公司，室经理。

- 为何要研究这个课题？【背景】
  - ✓ 部门墙比较厚重，影响业务发展；
  - ✓ 很多场景都需要各部门协作，但普遍做得不好；
  - ✓ 家宽业务是今年重点，开通时长方面，最为人所诟病。

- 研究这个课题有何意义？【目的】
  - ✓ 缩短家宽开通时长；
  - ✓ 规范家宽装维业务；
  - ✓ 提升家宽竞争力；
  - ✓ 探索跨部门协作新模式。

- 到底应该研究什么课题？【课题】
  - ✓ 原始课题：如何做好跨部门协作？
  - ✓ 澄清后课题：如何缩短家庭宽带业务开通时长？

- 做到什么程度，就叫做好了？【目标】
  - ✓ 短期（3个月内）：家宽开通及时率由85%提高到93%，同时产出并推广运用《渠道优化管理办法》和《装机SLA管理提升办法》。
  - ✓ 长期（2年内）：家宽开通时长由8天压缩到3天。

最终，D电信运营商公司的课题澄清表，如图4-1所示。

第4章 表单篇——表单如何助力思维落地 115

```
                        课题澄清表
    1.1课题背景      1.2课题价值                       1.3课题目标

为何要研究这个课    研究这个课题有何    到底应该研究什么    做到什么程度，就
题？【背景】        意义？【目的】      课题？【课题】      叫做好了？【目标】

· 部门墙比较厚重，影  · 缩短家宽开通时长   · 原始课题：如何做好   · 短期（3个月内）：
  响业务发展        · 规范家宽装维业务    跨部门协作          家宽开通及时率由
· 很多场景都需要各部  · 提升家宽竞争力    · 澄清后课题：如何缩   85%提高到93%，同
  门协作，但普遍做得  · 探索跨部门协作新模   短家庭宽带业务开通   时产出并推广运用
  不好              式                   时长                《渠道优化管理办法》
· 家宽业务是今年重点，                                       和《装机SLA管理提
  开通时长方面，最为                                         升办法》
  人所诟病                                                 · 长期（2年内）：家
                                                           宽开通时长由8天压
                                                           缩到3天
```

图 4-1　D 电信运营商公司的课题澄清表

表单 01：课题澄清表　　　　　　　　　案例 32

课题名称：如何判断信贷客户是否借壳融资

课题来源：× 证券公司，基层管理人员。

- **为何要研究这个课题？【背景】**
  - ✓ 经济下行，借壳融资频发；
  - ✓ 外部严监管、强问责态势依旧；
  - ✓ 借壳融资企业将难再获得融资，进一步导致我公司存量业务资产质量恶化。

- **研究这个课题有何意义？【目的】**
  - ✓ 减少风险项目介入；
  - ✓ 降低不良贷款率；
  - ✓ 提升风控水平；
  - ✓ 探索有效排查模式。

- **到底应该研究什么课题？【课题】**
  - ✓ 原始课题：如何判断信贷客户是否借壳融资？

✓ 澄清后课题：如何有效识别借壳融资，切实降低风险。
- 做到什么程度，就叫做好了？【目标】
    ✓ 短期（3个月内）：截至2020年9月30日，输出《借壳融资防范全流程管控指导手册 2.0》，并在试点区域推广验证（反馈良好）。
    ✓ 长期（2年内）：借壳融资案件由X起降为Y起，并完善《借壳融资防范全流程管控指导手册4.0》。

最终，×证券公司的课题澄清表，如图4-2所示。

图 4-2　×证券公司的课题澄清表

案例 33

表单01：课题澄清表

课题名称：如何提高杭州YX（小区）的入户维修及时率
课题来源：H置地集团物业公司，基层管理人员。

- 为何要研究这个课题？【背景】
    ✓ 杭州YX第三方调研满意度连续几年在华东排名靠后；
    ✓ 满意度会影响房价及品牌形象；

第 4 章 表单篇——表单如何助力思维落地

- ✓ 入户维修及时率是重要一项，且一直不理想；
- ✓ 过往采取过多项改善措施，效果不明显。

- **研究这个课题有何意义？【目的】**
  - ✓ 提高入户维修及时率；
  - ✓ 缩短入户维修时长；
  - ✓ 提升物业管理水平；
  - ✓ 提高业主满意度；
  - ✓ 维护品牌形象。

- **到底应该研究什么课题？【课题】**
  - ✓ 原始课题：如何提高入户维修及时率？
  - ✓ 澄清后课题（不变）：如何提高入户维修及时率？

- **做到什么程度，就叫做好了？【目标】**
  - ✓ 短期（3个月内）：入户维修及时率由96%提高到98.5%，同时产出并推广运用《入户维修宝典》。
  - ✓ 长期（2年内）：入户维修及时率提高到99%；入户维修时长压缩15%。

最终，H置地集团物业公司的课题澄清表，如图4-3所示。

课题澄清表

1.1课题背景 为何要研究这个课题？【背景】	1.2课题价值 研究这个课题有何意义？【目的】	到底应该研究什么课题？【课题】	1.3课题目标 做到什么程度，就叫做好了？【目标】
• 杭州YX第三方调研满意度连续几年在华东排名靠后 • 满意度会影响房价及品牌形象 • 入户维修及时率是重要一项，且一直不理想 • 过往采取过多项改善措施，效果不明显	• 提高入户维修及时率 • 缩短入户维修时长 • 提升物业管理水平 • 提高业主满意度 • 维护品牌形象	• 原始课题：如何提高入户维修及时率 • 澄清后课题（不变）：如何提高入户维修及时率	• 短期（3个月内）：入户维修及时率由96%提高到98.5%，同时产出并推广运用《入户维修宝典》 • 长期（2年内）：入户维修及时率提高到99%；入户维修时长压缩15%

图4-3 H置地集团物业公司的课题澄清表

实操演练 8

表单 01：课题澄清表

课题名称：_____

课题来源：

- 为何要研究这个课题？【背景】

- 研究这个课题有何意义？【目的】

- 到底应该研究什么课题【课题】

- 做到什么程度，就叫做好了？【目标】

最终，完成图 4-4。

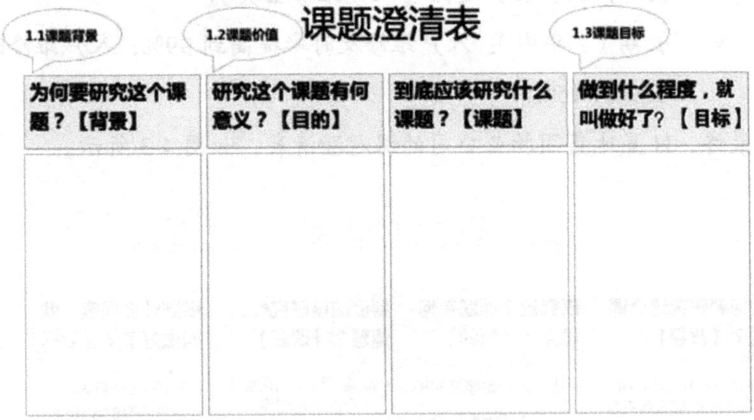

课题澄清表

1.1 课题背景	1.2 课题价值		1.3 课题目标
为何要研究这个课题？【背景】	研究这个课题有何意义？【目的】	到底应该研究什么课题？【课题】	做到什么程度，就叫做好了？【目标】

图 4-4　完成的课题澄清表

表单 02：课题分析表

- 表单名称：表单 02：课题分析表（见图 4-5）。
- 所处阶段：分析问题（S3）。

课题分析表

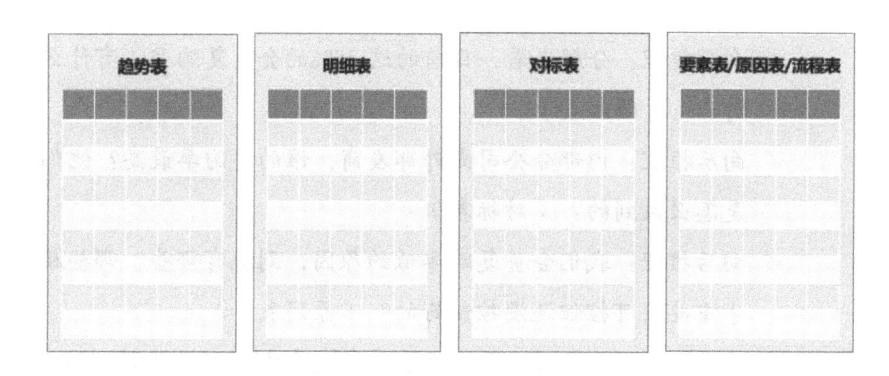

图 4-5　课题分析表

- 探询要素：现状/限制。
- 使用时机：填写完"表单 01：课题澄清表"之后。

"表单 02：课题分析表"是第二张表单（严格来说，应该是第二套表单，内含多张分析表）。在填写这张表单前，为什么要做课题（目的）已经明确，要做什么课题也已清楚，做到什么样子（目标）也知道了。但具体要从哪些方面开展行动（路径），尚不得而知。所以，需要进行系统的分析。但是，课题分析，到底要分析什么？

要回答这个提问，让我们先回到基础的思维工具"两向推理"中来。

A 奶粉公司讨论"如何提高会员复购率"　案例 34

- 目的：
  ✓ 提高会员复购率；
  ✓ 提高市场占有率；
  ✓ 提升销售团队管理水平；
  ✓ 提升 A 公司品牌形象。
- 目标：4 个月内会员复购率由 25% 提高到 70%。
- 思考：

- ✓ 向后推理：过往 24 个月，会员复购率的变化是怎样的？（变化表）
- ✓ 向后推理：分解来看，目前的这 25% 的会员复购率，有什么特点？（明细表）
- ✓ 向后推理：内部分公司或外部友商，谁的复购率最高？他们是怎么做到的？（对标表）
- ✓ 向后推理：我们会员复购率低的原因，到底有哪些？哪些属于重要且可控但还没控制好的？（原因表）
- ✓ 向前推理：要想 4 个月内将会员复购率由 25% 提升到 70%，哪些方面必须都要做到位？（要素表）
- ✓ 向后推理：在会员首购和复购时，目前的流程分别是怎样的？哪些方面做得还有改进的空间？（流程表）
- ✓ 向前推理：理想状态下，会员首购和复购的流程分别应该是怎样的？每个环节应该做到什么程度？（流程表）

……

上述的这些分析表，如果能从中选出 3~5 张强相关的表单开展深入分析，提高复购率，是不是就有些希望了？

把常用的课题分析表单与"两向推理"结合起来，画在一张图上（见图 4-6），便于大家理解。

图 4-6 常用的课题分析表

注：图 4-6 中最上面的"××表"，表示结合具体的课题，可能还会存在更为有针对性的分析表单名称。

常用的分析表单，大致有如下几种。
- 变化表。
- 明细表。
- 对标表。
- 原因表。
- 要素表。
- 流程表。

变化表

针对"改善型"课题（课题目标为"流失率"、"销售额"、"客户满意度"、"废品率"和"万元质量退货额"等），罗列出过往至今，该指标整体的变化趋势，并适度解释原因。这个时间跨度，可能是 6 个月，也可能是 3~5 年，具体要结合课题实际来看。"变化表"示例分别如表 4-3 和表 4-4 所示。

表 4-3　近 3 年杭州 YX 入户维修及时率趋势表（变化表示例 1）

年　　月	小区入住率	常规及时率	紧急及时率	整体及时率	华东平均	华东最高
前年 1 月						
前年 2 月						
……						
今年 6 月						
均值						

表 4-4　近两年 XX 产品一次测试通过率趋势表（变化表示例 2）

年　　月	项目数量	测试数量	一次通过率	二次通过率	多次通过率	未通过
去年 1 月						
去年 2 月						
……						
今年 9 月						
均值						

明细表

与课题目标有关的现状（数据），运用"5W+Why"去细分，帮我们找到那可以撬动 80%绩效的关键 20%，从而制订更有针对性的改善方案，避免大水漫灌，浪费资源。"变化表"通常有更长时间维度，看的是变化；"明细表"则指相对近期的数据，看的是分类明细，如按产品分、按渠道分、按销售额分、按区域分、按客户分、按废品发生的工序分等。"明细表"示例分别如表 4-5、表 4-6 和表 4-7 所示。

表 4-5　物资分类汇总表（明细表示例 1）

序号	类　别	项　数	数　量	金　额	使用部门
1	设备备件				
2	特种物资				
3	通用物资				
4	一般耗材				
5	其他				

表 4-6　用户耗能特点分析表（明细表示例 2）

	热负荷	冷负荷	需备用发电	……	综合评价
大型医院					
住宅小区					
工业园区					
交通枢纽					
数据中心					
……					

表4-7 解决方案使用场景盘点表（明细表示例3）

典型场景	客户层面				公司层面		文档层面	
	客户部门	客户人员	人员特点	人员需求	我方需求	我方人员	文档要求	承接文档

对标表

有时，课题组对于课题分析可能完全没有思路，无从下手；或者，虽有一定的思路，但总觉得还不足够。此时，如果我们能够找到内部或外部的标杆，研究下他们是怎么做到的，并结合我们自身的情况进行再转化，不失为一条捷径。"对标表"示例分别如表4-8、表4-9和表4-10所示。

表4-8 杭州YX与外滩JL入户维修对照表（对标表示例1）

对标项	整体及时率	紧急及时率	常规及时率	人员配备	派单模式	奖惩机制	……
杭州YX							
外滩JL							
可借鉴点	/	/	/				
交付物							

表4-9 主要友商对标表（对标表示例2）

对标项	我司	华为	VMWARE	可借鉴点	交付物
产品策略					
市场策略					
渠道策略					
人员策略					
主要优势					

对标项	我司	华为	VMWARE	可借鉴点	交付物
主要劣势					
可借鉴点	/				
交付物	/				
负责人	/				

表 4-10 集团内部对标表（对标表示例 3）

差异点	我司	浙江公司	江苏公司	可借鉴点	交付物
预覆盖战略与储备					
预覆盖建设关联					
预覆盖资源管理					
后期开通模式					
业务发展模式					
……					

原因表

原因分析很多时候是必要的，而且鱼骨图等方法也已在各组织中广泛运用，所以不赘述。在此，需要特别提醒大家的是：

- 原因分析至少要追问三层，尽量找根因；
- 分析出来的根因，要收敛到"原因分析收敛矩阵"（见图 4-7）中，优先解决"内部/可控"项；

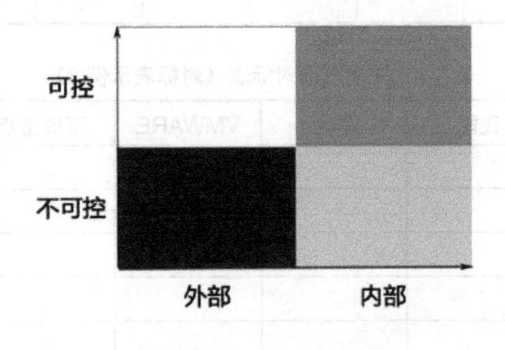

图 4-7 原因分析收敛矩阵

- 在完成"明细表"后再做原因分析，可能更有针对性；
- 原因分析有时需要嵌到流程分析中，才更有价值。

要素表

还记得"向前推理"中的"成功要素"吗？"要素表"对应的就是这个"成功要素"："成功要素"又叫"充分条件"，且主要锁定在组织内部可控项上。换句话说，组织内部哪些方面都做到位，则课题目标便可以实现。在操作上，"要素表"通常会和"流程表"一起嵌套使用。"要素表"示例分别如表 4-11、表 4-12 和表 4-13 所示。

表 4-11　某 APP 推广落地要素表（要素表示例 1）

能力模块	推广前	推广中	推广后
1.用户洞察能力	1.1 用户画像 1.2 机会识别	1.3 数据建模 1.4 支撑系统	1.5 模型评估 1.6 优化机制
2.营销策划能力	2.1…… 2.2……	2.3…… 2.4……	2.5…… 2.6……
3.传播推广能力	3.1…… 3.2……	3.3…… 3.4……	3.5…… 3.6……
4.质量提升能力	4.1…… 4.2……	4.3…… 4.4……	4.5…… 4.6……
5.团队协同能力	5.1…… 5.2……	5.3…… 5.4……	5.5…… 5.6……

表 4-12　呼叫中心满意度要素表（要素表示例 2）

体系模块	服务前	服务中	服务后
1.策略体系	1.1 标签策略 1.2 入线策略	1.3 服务策略 1.4 引导策略	1.5 修复策略 1.6 预防策略
2.运作体系	2.1…… 2.2……	2.3…… 2.4……	2.5…… 2.6……
3.评估体系	3.1…… 3.2……	3.3…… 3.4……	3.5…… 3.6……
4.支撑体系	4.1…… 4.2……	4.3…… 4.4……	4.5…… 4.6……

表 4-13　H 型车爆款要素表（要素表示例 3）

要素	子要素	尚存差距	改善策略	交付物	负责人
1.续航里程	1.1······ 1.2······ 1.3······				
2.快充时长	2.1······ 2.2······ 2.3······				
3.电池安全	3.1······ 3.2······ 3.3······ 3.4······				
4.渠道下沉	4.1······ 4.2······ 4.3······ 4.4······				
5.营销推广	5.1······ 5.2······ 5.3······ 5.4······				
6.售后服务	6.1······ 6.2······ 6.3······ 6.4······				
······	······				

流程表

对于强流程的课题，需要针对目前正在使用的流程或未来的理想流程进行分析，明确各个流程阶段的目标状态，并对照目前的操作制订改善计划。"流程表"示例分别如表 4-14、表 4-15 和表 4-16 所示。

表4-14　行业洞察流程分析表（流程表示例1）

	需求洞察	机会梳理	客户突破	业务设计	推广覆盖	运营检视
核心工作						
主要痛点						
痛点原因						
解决策略						
预防策略						
交付物						
负责人						

表4-15　二访客户面谈流程（流程表示例2）

流程	要点	问题	策略	话术	交付物	负责人
开场寒暄						
回顾需求						
深入讨论						
确认方案						
表达祝贺						
礼送客户						

表4-16　XX流程分析表（流程表示例3）

	流程节点一	流程节点二	流程节点三	……
主要任务				
流程节点价值				
目前耗时				
改善策略				
交付物				
负责人				

课题分析表核心问答

怎么样，经过这些表单的举例，是不是对于分析表有了更为直观的认识？别着急，表单虽好，但背后的逻辑更为重要。

- 问1：分析表只有这几类吗？

答1：本章介绍的都是通用分析表单，对于大部分课题来说，这些通用表单基本够用了。但针对某些课题，可能需要有更为针对性的分析表单来应对（如针对"如何提高员工敬业度"这样的课题，"盖洛普Q12"可能就更合适一些；针对"如何更好地设计商业模式"这一课题，"商业模式画布"可能就更合适一些）。

- 问2：分析表一定是"表"吗？

答2：虽然叫分析表，但实际上未必一定是"表"，也有可能是"图"或"文字"，这里只是为了方便，简称为"表"。

- 问3：课题分析主要锚定"长期目标"还是"短期目标"？

答3：课题分析主要锚定的是"短期目标"。

- 问4：当"短期目标"与"长期目标"的"指标项"（即"定量目标"）不一致时，怎么办？

答4：应该先来结合"短期目标"的"指标项"进行分析。例如，某课题的"长期指标项"是"开通时长"，而"短期指标项"是"开通及时率"。如果我们针对"开通时长"（长期指标项）展开分析并采取行动，那么，3个月后，"开通时长"会缩短，但"开通及时率"（短期指标项）可能并没有多少提高，极端情况下，"开通及时率"（短期指标项）甚至有可能下降，这与短期期待（短期目标）不相符。

- 问5：课题分析是针对什么的分析？

答5：当短期目标中有"指标项"时，则主要针对"指标项"及其相关内容做分析；当短期目标中没有"指标项"时，则主要针对"交付物"及其相关内容做分析。

- 问6：当短期目标中没有"指标项"，只有"交付物"时，应该怎么办？

答6：当短期目标中没有"指标项"时，则主要针对"交付物"及其相关内容做分析。例如，G供电局讨论"如何推进综合能源电站落地"课题，短期内的3个月，没有"指标项"，只有一个重要的"交付物"——《推动综合能源站建设行动方案》。所以，课题分析则是要针对《推动综合能源站建设行动方案》这一重要"交付物"及其相关内容展开的。

- 问7：如何检验课题分析是否到位？

答 7：一般来说，检验方法有如下三种。

- ✓ 第一种：逻辑检验。具体包括一致性检验和充分性检验。
  - ◇ 一致性检验：分析××表单，对于我们达成短期目标，是否有帮助？还有哪些表单有帮助但遗漏了？
  - ◇ 充分性检验：分析这几张表单，对于我们达成短期目标，是否足够？如果不足够，还应该补充哪些表单？
- ✓ 第二种：专家检验。直接请教内部导师或主题专家等，请他们帮忙把关。
- ✓ 第三种：实践检验。实践是检验真理的唯一标准。当结合这些分析出具了策略和行动时，看看效果如何。当然，实践检验需要时间和成本，所以通常不是首选。

常见四类课题类型

厘清了背后的逻辑，对于我们制定恰当的分析表必不可少。但同时，**如果能有一张对照表，那么当我们遇到某些课题时，能够一目了然地看出这类课题需要做哪些分析，岂不是更为方便？**没错，确实有这样的对照表。而在查阅对照表之前，我们还需要先来看看行动学习课题的分类。

行动学习中，我们常见的课题通常有四类：改善型、定义型、任务型和协作型（还会有别的课题类型，但这四类已经占到了中基层管理者行动学习课题总量的 90%以上）。四类课题有时又会有一定的交集，如图 4-8 所示。

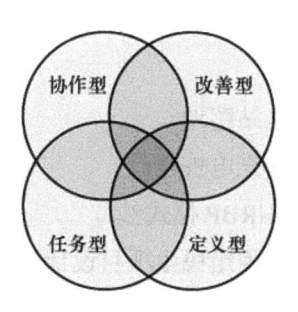

图 4-8　四类课题的交集

改善型

通常来说,"改善型"课题描述中会包含"指标项"。这类课题多以"如何提高"、"如何降低"、"如何缩短"和"如何改善"等字样起头,例如:
- 如何降低废品率?
- 如何提高会员复购率?
- 如何降低万元质量退货额?
- 如何缩短计划停电时长?
- 如何提高办事群众的满意度?

定义型

课题描述中的某些关键词语意不详或团队理解不一致,要解题必须先对该关键词进行定义,这类课题称为定义型课题,例如:
- 如何提升执行力?
- 如何提升积极性?
- 如何改善客户购房体验?
- 如何提升项目经理胜任度?

任务型

课题描述中未有要明确改善的"指标项",但(隐含)有"交付物"要求。这类课题多以"如何推广"、"如何推动"、"如何做好"和"如何落实"等字样起头,例如:
- 如何推广当家人计划?
- 如何做好立体营销?
- 如何推动综合能源电站落地?
- 如何按时完成辖区内充电桩建设?
- 如何在 G 移动推广 HRBP 模式?
- 如何做好新生儿全基因组民生项目设计与落地?

协作型

针对分歧或协作进行研究的课题,描述中多有"协作"、"协同"、"联动"和"分歧"等关键词，例如：

- 如何改善跨部门协作？
- 如何做好业务区域协同？
- 如何打造基于产品竞争力的内部联动机制？
- 如何配合 A 部门顺利实现 3 亿元销售额？
- 如何减少内耗损失？

不同类别的课题，所需分析的表单也不尽相同，大致对应情况，如表 4-17 所示。

表 4-17　四类课题对照分析表

	变化表	明细表	对标表	原因表	要素表	流程表	其他表
改善型 例：如何降低废品率	√	√	√×	√	√×	√×	?
定义型 例：如何提升执行力	√×	√	√×	√	√×	√×	?
任务型 例：如何做好立体营销	√×	√×	√×	√×	√×	√	?
协作型 例：如何改善跨部门协作	√×	√	√×	√	√×	√×	?

注：打"√"为通常必做该类分析表；打"√×"为可能需要做该类分析表；打"?"为不确定是否要做其他类分析表。

特别提醒：

- 以上课题分类分析表中的举例课题，是经过"澄清问题（S2）"环节重构后的最终课题，而非原始课题。如果用原始课题来套用这个表单，很可能错位。
- 一般说来，在"澄清问题（S2）"环节，我们会将"协作型"等"管理类课题"尽量转化为看得见、摸得到的"业务类课题"，这样更有利于课题的推进。但在项目中，结合组织的实际情况，课题澄清后，依然还会有诸如"如何改善跨部门沟通"和"如何提升执行力"这样的课题存在，这也是正常的。

其实，以上这种分类不是很完美。例如，"如何提高办事群众的满意度"这一课题，就既属于"定义型"，又属于"改善型"。但是这样简化分类也有其意义，以生活垃圾分类为例：

- 打火机为什么属于"干垃圾"？（而不是"可回收垃圾"。）
- （干）虾壳为什么属于"湿垃圾"？（而不是"干垃圾"。）
- 过期药品为什么属于"有害垃圾"？（为什么不是"干垃圾"？难道过期药品很湿吗？）
- 报纸属于"可回收物"，那沾了水的报纸呢？属于什么垃圾？
……

工具是为人服务的，实用即可。当一个课题同时具有2~3种课题属性时，分析表单可能要兼顾这2~3种课题来考量，但也不是分析表单越多越好，能够在投入相对偏少的情况下达成目标，便可以了。

如果你觉得上面的表单有点呆板，也没关系，那就记住下面这几句顺口溜（见图4-9），以不变应万变。

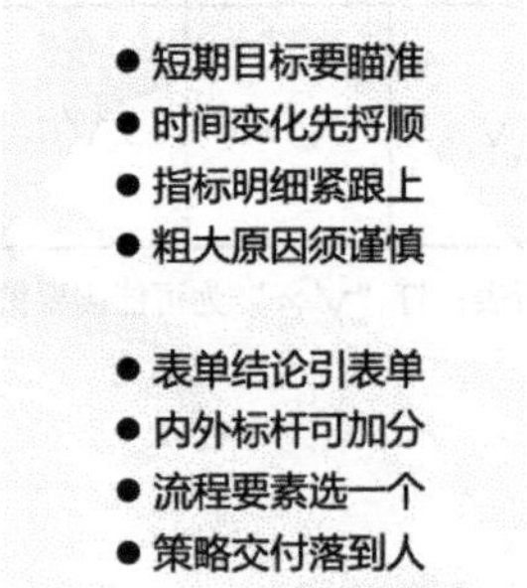

- 短期目标要瞄准
- 时间变化先捋顺
- 指标明细紧跟上
- 粗大原因须谨慎

- 表单结论引表单
- 内外标杆可加分
- 流程要素选一个
- 策略交付落到人

图4-9 顺口溜

- **短期目标要瞄准**。课题分析锚定的是短期目标（不是长期目标），这是课题分析的基础，不能搞错。
- **时间变化先捋顺**。通常，第一张分析表优选"变化表"。

- **指标明细紧跟上**。通常，第二张分析表是"明细表"，借助"5W+Why"将这一汇总/平均过的指标放在放大镜下看，找出那关键的 20%。
- **粗大原因须谨慎**。如果团队简单粗暴地直接运用"原因表"分析而来的原因，可能导致大水漫灌，针对性不足。例如，分析出其中一个重要原因是"人员能力不足"，所以想到的解决策略是"加强培训"。试想，是所有人员能力都不足，都要培训吗？还是其实只有 25 条生产线中的某一条 B 班里上夜班的某一工序的两位操作工需要培训？
- **表单结论引表单**。上一张表单的某些结论可能直接引出下一张表单怎么制作。还记得案例 28 中"如何提高杭州 YX（小区）的入户维修及时率"这一课题吗？"对标表 1"发现上海外滩 JL 做得最好，于是引出了"对标表 2"，马上对比分析自己和上海外滩 JL 都差在哪些方面。
- **内外标杆可加分**。借鉴内外部标杆的优秀做法，往往能够帮助团队快速找到突破口。
- **流程要素选一个**。一般课题中，"流程表"和"要素表"通常只选一个深入分析便可达标。同时选这两个表单做分析，有可能在逻辑上把自己绕进去，走不出来。
- **策略交付落到人**。无论是哪种分析表单，分析下来，最终都要落实到"交付物"和负责人上。否则，分析完还是无法承接落地。

关于课题分析，你学会了吗？

表单 02：课题分析表

案例 35

案例背景：
- S 公司主要为中小型组织提供云计算和安全服务。
- 两年前，公司开始涉足规模组织云数据中心业务，但尚未有突破。
- 规模组织云数据中心业务面临 VMWARE 和华为等大公司的强大压力。

课题名称：

如何在试点市场实现规模组织云数据中心业务的快速增长？（原始课题：如何突破大企业云数据中心业务？）

课题目的：

- 推进规模组织数据中心项目的突破。
- 缩短规模组织数据中心项目突破周期。
- 沉淀规模组织数据中心突破方法。
- 增加公司级灯塔项目案例数量。
- 提升企业级云产品的市场竞争力。

课题目标：

3个月内，试点市场规模组织云数据中心业务增长120%，并输出《规模组织云数据中心业务拓展指南》。

前期工作：

经过问题风暴，课题组：

- 对"课题"进行了重构。
- 明确了"目的"，并确定了"目标"。
- 确定了试点市场的标准，并选出了首批试点区域。

课题分析：

- **第一步：判断类别**。经过初步判别，发现"如何在试点市场实现规模组织云数据中心业务的快速增长"这一课题，主要属于"改善型"和"定义型"。
- **第二步：匹配表单**。通过查阅"四类课题对照分析表"，发现三类表单必须做、三类表单可能要做、其他表待研究，具体如表4-18所示。

表4-18 四类课题对照分析表

	变化表	明细表	对标表	原因表	要素表	流程表	其他表
改善型 例：如何降低废品率	√	√	√×	√	√×	√×	?

续表

	变化表	明细表	对标表	原因表	要素表	流程表	其他表
定义型 例：如何提升执行力	√×	√	√×	√	√×	√×	?
结论	必须做	必须做	可能要做	必须做	可能要做	可能要做	待研究

- **第三步：制作表单**。经过小组讨论，最终决定制作如下的五大分析表。

  ✓ 分析表一：变化表，具体如表4-19所示。

表4-19　近两年试点市场规模组织云数据中心业务变化表（变化表）

季　度	区域	市场规模	我司销售额	……
去年Q1				
去年Q2				
……				
今年Q3				

通过完成表4-19并对其进行分析，得出如下小结论。

1. 试点市场规模组织云数据中心业务市场规模发展迅速，已达到××量级。
2. 试点市场我司近两年的销售额低于市场规模增幅40%。
3. 每年的Q1，我司的销售额尤其惨淡，主要原因是……

　✓ 分析表二：明细表，具体如表4-20所示。

表4-20　试点市场已发展客户名单

客户名称	客户行业	客户规模	营业额	销售额	……	成单要因
客户1						
客户2						
客户3						
客户4						
客户5						
……						

通过完成表4-20并对其进行分析,得出如下小结论。

1. 试点市场中,××规模以上的客户数量只有20%,但占到了销售额的77%。(解读:××规模以上的客户,可能是发力点。)

2. 试点市场中,目前主要的成交集中在政府行业(数量占比20%,销售额占比35%)和教育行业(数量占比12%,销售额占比16%),且成单要因是A和B。(解读:此时,现场与导师确认公司战略等信息,确认后续需要在政府行业和教育行业深度发力。)

3. 试点市场中,6个月前调整了打法(主要是在C和D方面发力),制造业和银行的突破比较明显,由之前销售额占比3%已上升到15%。(解读:此时,现场与导师确认公司战略等信息,确认后续需要在制造业和银行深度发力,且快速复制推广到其他非试点区。)

✓ 分析表三:明细表,具体如表4-21所示。

表4-21 试点市场潜在客户名单(明细表)

客户名称	客户行业	客户规模	营业额	……
潜在客户1				
潜在客户2				
潜在客户3				
潜在客户4				
潜在客户5				
……				

通过完成表4-21并对其进行分析,得出如下小结论。

1. 试点市场中,按客户规模来看,潜在客户中排名依次为政府、教育、制造业和银行。(解读:这印证了9个月前的策略的正确性。)

2. 因试点区域皆为三(四)线城市,单个客户规模相对不是特别大,在打法上与之前的操作会有很多相通之处。(解读:并不全是全新打法,有些过往比较有效的操作,可以保留。)

✓ 分析表四:对标表,具体如表4-22所示。

表 4-22　主要友商对标表（对标表）

差异点	我司	华为	VMWARE	可借鉴点	交付物
产品策略					
市场策略					
渠道策略					
人员策略					
主要优势					
主要劣势					
可借鉴点	/				
交付物	/				
负责人	/				

通过完成表 4-22 并对其进行分析，得出如下小结论。

1. 目前数据中心业务主要友商是 VMWARE 和华为等。（解读：锁定友商很重要，要知道是和谁在竞争和合作。）

2. 目前与友商相比，我们的差距主要在"数据中心整体方案能力"、"自上而下的标准化项目推进方法"和"专家队伍上"。（解读：这几方面不能一蹴而就，可能需要根据短、中、长期来分别规划。）

3. 目前可以马上行动起来，且与短期目标高度相关的，是"数据中心整体方案能力"。（解读：下沉为了"路径"。）

分析表 5：流程表，具体如表 4-23 所示。

表 4-23　销售流程分析表（流程表）

差异点	线索挖掘	IT规划	需求澄清	方案匹配	……
主要任务					
差距评估					
差距原因					
改进方法					
交付物					
负责人					

通过完成表 4-23 并对其进行分析，得出如下小结论。

1. 看似"整体方案能力"不强，其实是一系列环节没做好导致的结果，例如，在"线索挖掘"、"IT 规划"和"需求澄清"等环节，都有提升空间。（解读：在这些方面，都有可能下沉为"路径"。）

2. 每一阶段的"交付物"，都有提升空间。有的是从无到有，有的是从有到优。（解读：通过沉淀"交付物"并加以使用，能够推动课题"目标"达成。）

- **第四步：得出结论。** 每张表单分析后得出的"小结论"，已与第三步同步呈现。

实操演练 9

表单02：课题分析表

案例背景：

-
-
-

课题名称：

课题目的：

-
-
-

课题目标：

前期工作：

经过问题风暴，课题组：

-

-
-

课题分析：

- **第一步：判断类别。**

- **第二步：匹配表单。**

  通过"四类课题对照分析表"，发现

  必做分析表单有：

  可能需要分析表单有：

- **第三步：制作表单。** 经过小组讨论，最终决定制作如下几大分析表。

  ✓ ××分析表一，如表4-24所示。

  表4-24　××分析表一

  通过完成表4-24并对其进行分析，得出如下小结论。

  1.

  2.

  3.

  ✓ ××分析表二，如表4-25所示。

表 4-25 ××分析表二

通过完成表 4-25 并对其进行分析，得出如下小结论。

1.

2.

3.

✓ ××分析表三，如表 4-26 所示。

表 4-26 ××分析表三

通过完成表 4-26 并对其进行分析，得出如下小结论。

1.

2.

3.

✓ ××分析表四，如表4-27所示。

表4-27 ××分析表四

通过完成表4-27并对其进行分析，得出如下小结论。

1.

2.

3.

✓ ××分析表五，如表4-28所示。

表4-28 ××分析表五

通过完成表4-28并对其进行分析，得出如下小结论。

1.

2.

3.

- 第四步：得出结论。（已与第三步同步呈现。）

表单03：方案逻辑图

- 表单名称："表单03：方案逻辑图"（见表4-29）。

表4-29　表单03：方案逻辑图

分析内容	小结论	大结论	出策略
分析内容一：	1. 2. 3.	1. 2.	策略一：
分析内容二：	1. 2. 3.	3.	策略二：
分析内容三：	1. 2. 3.	4. 5.	策略三： 策略四：
分析内容四：	1. 2. 3.	6.	策略五：
分析内容五：	1. 2. 3.		

- 所处阶段：制订方案（S4）。

- 探询要素：现状/限制/路径。
- 使用时机：填写完"表单02：课题分析表"之后。

"表单03：方案逻辑图"是第三张表单。在填写这张表单前，已经有了课题分析的表单内容，但尚未进行充分的分析，也还没有完整的分析结论。借助"表单03：方案逻辑图"，得以找到改善空间，并形成改善策略。

"表单03：方案逻辑图"是理论（课题分析）与实践（采取行动）之间的衔接点，非常重要。同时，也要清醒地认识到：如果之前的课题分析已经跑偏了但没有发现，想要在"表单03：方案逻辑图"这个环节直接完成纠偏，难度会更大。所以，务必在前两张表（"表单01：课题澄清表"和"表单02：课题分析表"）填好的情况下，再来填写第三张表。

"表单03：方案逻辑图"的作用是帮人们厘清逻辑，在最终的汇报材料中，该表通常不出现（当然，出现也是可以的）。

制订方案五步法

其实，"制订方案（S4）"与"分析问题（S3）"这两部分是密不可分的，且在实操中也是连续进行的。"制订方案（S4）"的步骤如下。

- 第一步：形成分析结论。
- 第二步：设计初步策略。
- 第三步：验证初步策略。
- 第四步：优化行动策略。
- 第五步：排定行动计划。

第一步：形成分析结论。 结合分析几张表单得出的小结论，汇总和提炼出大结论。核心大结论一般为4~6个。

- ✓ 大结论不需要面面俱到，也不要太过琐碎，重点是不能漏掉与课题目标强相关的结论。
- ✓ 在梳理大结论的过程中，如果发现需要某一类别的结论，但没有这个分析表，则立即补充分析表，展开分析。
- ✓ 如果发现得出的大结论，团队都不认可，则要么是课题和目标范围超出团队能力和权限，需要重构；要么是分析还停留在表面，需要重新讨论、分析。（换句话说：如果分析出来的结论都是领导的领导需要做A、B、C、D，或者等大环境好了才能推进，总之团队什么也干不了，那么，组成团队做这个课题就没有意义。）

第二步：设计初步策略。 结合这些大结论，设计初步的策略。

- ✓ 策略一般为4~6个。如果策略太多，很可能不得要领，需要进一步合并同类项。
- ✓ 策略的表述一般运用动宾结构。

说明：当团队成员的整体水平和默契度都比较高时，"第二步：设计初步策略"这一环节，可以直接出。否则，建议可以借鉴运用团队共创的方法。

团队共创法

物料准备（每组）。

- 大白纸：1~2张。
- 白板笔：2支。
- 铅笔/油笔：按组员人数准备。
- 便利贴：2本（100张）。

具体步骤如下。

- 2-1 产生想法。
  - ✓ 核心提问：什么样的行动，与这些大结论（小结论）更为匹配？
  - ✓ 操作要点：
    - ◇ 个人思考，每张便利贴上只写一个可能的行动点。
    - ◇ 此时，是不是动宾结构不重要，重点是写得清楚（且一会儿可以讲得明白）。
    - ◇ 可以头脑风暴，但建议不要完全异想天开（这是问题解决会议，不是天马行空大赛），思考时瞄准大结论（小结论）是必要的。

- ◇ 一般每人至少写 8 个，鼓励写更多。
- ◇ 一般 8 分钟差不多，15 分钟时间足够。
- 2-2 同型聚类。
  - ✓ 核心提问：这些想法可以分为哪几类？
  - ✓ 操作要点：
    - ◇ 先由一个伙伴开始，将手中便利贴贴在空白的大白纸上，隐约感觉差不多属于一类的，就贴在一列；感觉和别的不属于一类的，就另起一列。
    - ◇ 一个伙伴贴完手中所有便利贴后，再来一位，直到本组所有便利贴都已贴在大白纸上。
    - ◇ 此时的分布，如果有 7 列或以上，则一般需要进行合并及优化，使之成为 4~6 列（这是经验值，如果你非要 7 列，且觉得你的课题就是要 7 列，也可以）。

    这一环节一般为 15~30 分钟。
- 2-3 提炼总结。
  - ✓ 核心提问：核心策略如何表述？
  - ✓ 操作要点：
    - ◇ 将这 4~6 列想法分别进行命名，运用动宾结构表述。
    - ◇ 每一条策略一般不超过 12 字（6~8 字居多，仅供参考）。
    - ◇ 同一动词尽量不要多次使用（如 6 个策略，就不要 3 个都是"改善"，可以换成"优化"和"提升"）。
    - ◇ 如果此时命名后，团队发现有几个策略明显不靠谱，立马进行优化或增加，不必完全拘泥于个人思考时便利贴中的内容。
    - ◇ 这一环节一般为 5~10 分钟。

第三步：验证初步策略。经过第二步而产出的是初步策略，这些初步策略需要进行"逻辑性校验"、"有效性校验"和"充分性校验"，具体如下。
  - ✓ 逻辑性检验：（结合"表单 03：方案逻辑图"）从左到右，能推出这些（初步策略）吗？
- ◇ 通过××表单分析，能够得出这几条小结论吗？还有遗漏或需要修正的吗？
- ◇ 通过这些小结论，能够得出这几条大结论吗？还有遗漏或需要修正的吗？
- ◇ 通过这些大结论，能够推出这些有用的策略吗？还有遗漏或需要修正的吗？
- ✓ 有效性检验：（结合"表单03：方案逻辑图"）这些策略有用吗？
  - ◇ 这些策略，对"目的"有没有负面影响？
  - ◇ 如果对"目的"有负面影响，那该如何优化？
  - ◇ 这些策略，与之前的操作有什么本质上的不同？
  - ◇ 如果和以前的操作类似，如何保障这次的就会更有效？
- ✓ 充分性检验：（结合"表单03：方案逻辑图"）这些策略足够有用吗？
  - ◇ 通过这些策略，足够达成"目标"吗？
  - ◇ 如果不足够，还应该增加哪些"策略"？

第四步：**优化行动策略**。在第三步的基础上，对行动策略进行优化。

第五步：**排定行动计划**。结合产出的策略，排定无歧义、可操作性强且落实到人的行动计划——"表单04：行动计划表"。

至此，四大要素中，"目的""目标"和"现状/限制"（及部分"路径"）已经初步探询完。

同时，"Z轴：课题汇报线"中的"第二部分：课题分析"也就可以填写了。

表单04：行动计划表

- 表单名称：表单04：行动计划表（见表4-30）。
- 所处阶段：制订方案（S4）。
- 探询要素：路径。

- 使用时机：填写完"表单03：方案逻辑图"之后。

表 4-30　表单 04：行动计划表

何事（What）		何时（When）	何人（Who）
策略一			
策略二			
策略三			
策略四			

"表单04：行动计划表"是第四张表单。通过这张表单，才能把之前的想法，落实在具体的行动上。但是，行动计划不止出于一个环节。换句话说，有两类行动计划。

两类行动计划

- 第一类行动计划：调研计划。还记得在"澄清问题（S2）"中，运用"问题风暴法"来澄清课题吗？先来复习下"问题风暴法"的五步流程。
  - ✓ 步骤一：介绍背景（发散）。
  - ✓ 步骤二：一问一答（发散）。

- 步骤三：自由提问（发散）。
- 步骤四：快速回应（收敛）。
- 步骤五：确定共识（收敛）。

在问题风暴的"步骤四：快速回应（收敛）"中，团队成员一起来讨论并回应刚刚提出的那些问题。针对这些问题的回应，一般会有以下三种情况。

- 第一种情况：如团队达成一致，则简写下答案。
- 第二种情况：如团队谁都不知道答案，则该问题放入"停车场"（在问题旁标记"P"）。
- 第三种情况：团队成员意见不一致，且相关成员各自解释和澄清后，依然不能达成一致，则该问题也放入"停车场"（在问题旁标记"P"）。

在第二种和第三种情况中，都产生了"P类提问"。这些"P类提问"，需要具体落实在行动计划中（要指定某人在规定的时间内完成某些动作，以便消除"P类提问"）。这些由"P"转化而来的行动计划，几乎都是针对"现状"的调查研究。

同时，需要特别说明的是：当"澄清问题（S2）"完成，且确定了"表单01：课题澄清表"后，如果课题发生了重构，此时再查回这些行动计划，会发现有相当一部分针对"现状"的调研计划已经消失了。

- 第二类行动计划：落地策略。团队完成"表单03：方案逻辑图"后，针对产出的几大策略，需要借助"表单04：行动计划表"进行落地。

从逻辑上说，应该是先完成第一类行动计划（调研计划），再结合实际情况修正和执行第二类行动计划（落地策略）。但现实情况下，为期3个月左右的行动学习项目周期比较短，需要两者同时进行，并在过程中不断完成迭代。

制订行动计划时，还应该注意以下四个方面。

源于职责。还记得"发现问题（S1）"中的四大任务吗？

在"四建机制"部分的"职责设计（组内约束机制）"中，为了避免"团队学习"变为"个人学习"（团队课题变为课题发起人或组长一个人的事，其他人"打酱油"），课题组成员进行了明确的分工。

所以，在分配行动计划时，要源于两个职责。

- ✓ **一个是组内的角色**。例如，与 PPT 材料制作有关的事宜，要多参考材料整合员的意见，或者，由他来安排；与会议召开有关的事宜，就要多与值班长和生活委员沟通。

- ✓ **另一个是现实工作中的角色**。如果是质量改善相关的课题要做废品率的统计，分配给组内真实工作场景中的生产或质量的同事就比较合适，而交给财务或 HR 就不太恰当了。

分协并重。基于效率的考量，团队需要分工；而从质量和团队成长的角度来说，协作是必不可少的。在分工协作时，也要考虑尽量避免某人只负责某一类别的任务（容易一叶障目），或者某人只与固定的人员协作（小团体弱化大团队）。

兼顾发展。如果在项目前期做了能力测评，则在团队职责设计和任务分工中，在考量各自优势时，也要考量各自的待发展能力项。

周事周清。3 个月左右的项目，一般说来，行动计划的颗粒度不要太粗，每一项要在 5 个工作日内完成（如果是迷你型项目，项目周期只有 1~2 个月，那么，这个颗粒度要更细一些，甚至每个行动事项要在 2~3 天内完成）。超过 5 个工作日的事项，可能需要进行再分解。

再来复习下制订行动计划的四大原则。

- 源于职责。
- 分协并重。
- 兼顾发展。
- 周事周清。

当"表单 04：行动计划表"完成后，把它与"表单 05：指标追踪表"一起配合使用，就可以对课题进展进行管控了。

表单 05：指标追踪表

- 表单名称：表单 05：指标追踪表（见表 4-31）。

- 所处阶段：管控过程（S5）。
- 探询要素：路径。
- 使用时机：填写完"表单04：行动计划表"之后。

表4-31　表单05：指标追踪表

指标项	指标值	计划/实际	月份A	月份B	月份C	月份D
		计划				
		实际				
		计划				
		实际				
		计划				
		实际				

"表单05：指标追踪表"是第五张表单，也是最后一张。这张表单帮助监控课题进度，防止跑偏及滞后。在使用"表单05：指标追踪表"前，需要先弄清楚如下三点。

- 问1：是不是所有的课题都需要"表单05：指标追踪表"？

答1：短期目标中，有定量目标（指标项）的课题，需要用到"表单05：指标追踪表"；短期目标中，只有交付物的，可以不用该表。

- 问2："表单05：指标追踪表"和"表单04：行动计划表"如何配合使用？

答2：还记得在"管控过程（S5）"中的三大任务吗？

✓ 5-1 闻味道。

✓ 5-2 听节奏。

✓ 5-3 除故障。

当经过"制订方案（S4）"的"得结论"、"出策略"和"排计划"后，团队便开始按计划进行实践。在实践的过程中，一般每周都要检查课题进展是否顺利，所用表单便是"表单04：行动计划表"和"表单05：指标追踪表"，具体操作如下。

✓ 如果课题中有"表单05：指标追踪表"，并且上一周期内的"表单05：指标追踪表"异常，则要查回"表单04：行动计划表"，看是否按计划执行：如未按计划执行，则要调查原因，并及时按回计划；如已按计划执行（但指标追踪依然异常），则要优化"表单04：行动计划表"或"表单05：指标追踪表"中的"计划"项。
- ✓ 如果课题中没有"表单05：指标追踪表"，则只检查"表单04：行动计划表"并采取相应措施。

问3："表单05：指标追踪表"中的"指标"，一共有几种追踪方式？
答3：通常情况下，有四种追踪方式，具体如表4-32所示。

表4-32　指标追踪表的四种追踪方式

追踪方式	定量目标中的指标项数量		取数周期	
	单个	多个	短	长
第1种：直接追踪	✓	✓	✓	
第2种：模拟追踪	✓	✓		✓
第3种：定项追踪		✓		✓
第4种：关联追踪	✓			✓

注：取数周期的长短，是个相对概念。一般以标准的3个月的行动学习来说，如果"指标项"要1个月以上才能取数一次，则属于"取数周期长"；如果"指标项"每双周甚至每天都能取数，则属于"取数周期短"。

- ✓ **第一种：直接追踪**。当课题（短期）目标中有指标项，且取数方便、取数周期短时，可直接追踪指标项。
  - ◇ 例如，"如何降低废品率"课题。"废品率"这个指标每天出数，所以本课题可直接追踪"废品率"。
  - ◇ 例如，"如何提升会员复购率"课题。"复购率"这个指标两周取数1次，且本项目周期为4个月（相对时间较长，追踪次数相对够多），所以也可以直接追踪"复购率"。
- ✓ **第二种：模拟追踪**。课题（短期）目标中虽有指标项，但取数周期太长，不支持直接追踪时，可考虑内部自建简单的模拟系统，来模拟追踪课题（短期）目标中的指标项。这样，借助较频繁的取数，来争取更为准确地判别课题进度和成效，并及时改进行动策略。

　　◇ **例如，D 电信运营商讨论"如何提升家庭宽带业务 NPS"课题**。该"NPS 指标"第三方公司 3 个月才出一次数据，使得课题组无法据此来指导课题推进。于是，小组自建模拟系统来追踪"NPS 指标"，以便不断指引团队调整行动策略。

✓ **第三种：定项追踪**。如果课题（短期）目标中有多个指标项，但取数周期太长，不支持直接追踪，同时又不想（或没必要）追踪所有，则可考虑只追踪某一（几）项最为重要（最急迫提升）的指标项。

　　◇ **例如，D 电信运营商讨论"如何提升家庭宽带业务 NPS"课题**。该"NPS 指标"第三方公司 3 个月才出一次数据，使得课题组无法据此来指导课题推进。同时，小组发现目前阶段对"NPS 指标"影响大且最应该快速提升的子指标为"交付流程"，则小组自建模拟系统，来定项追踪"交付流程"。

　　◇ **例如，H 地产集团讨论"如何提高业主满意度"课题**。该指标第三方公司 1 年才出一次数据，使得课题组无法据此来指导课题推进。同时，小组发现目前阶段对"业主满意度指标"影响大且最应该快速提升的子指标为"维修服务"和"投诉处理"，则小组自建模拟系统，来定项追踪"维修服务"和"投诉处理"。

✓ **第四种：关联追踪**。如果课题（短期）目标中只有 1 个指标项，但取数周期太长，不支持直接追踪，则可考虑追踪对该指标项达成有强势影响的指标项。

　　◇ **例如，H 地产集团讨论"如何提高业主满意度"课题**。该指标第三方公司 1 年才出一次数据，使得课题组无法据此来指导课题推进。同时，小组也没有精力和资源自建系统进行模拟追踪。于是，改为追踪对"业主满意度"产生强势影响的关联指标"业主投诉率"和"业主投诉处理满意度"，希望通过降低"业主投诉率"及提高"业主投诉处理满意度"来促进"业主满意度"的提高。

至此，四大要素中，"目的"、"目标"、"现状/限制"和"路径"这四个要素已经初步探询完。

同时，"Z轴：课题汇报线"中的"第三部分：行动与成果"也就可以填写了。

第5章 汇报篇

——思考与呈现如何无缝对接

- Z轴：课题汇报线
- 行动学习汇报五结合
- 行动学习汇报框架

Z 轴：课题汇报线

从某种角度上说，"X 轴：课程逻辑线"中的"五步流程"和"Y 轴：课题研究线"中的"五大表单"，都是课题研究者解题的逻辑。而在结项汇报时，这些解题逻辑需要稍微转化一下。

来到结项汇报现场听取汇报的受众，在他们的潜意识中，"核心四问"依然是他们关注的重点之一。

- **目的：**为什么要做这个课题（而不是另一个）？这个课题对于组织的价值和意义是什么？（3 个月取得这些成绩，对于组织而言，是否值得？团队有什么成长？以后再有类似/不同的问题，大家掌握解题方法了吗？）
- **目标：**长期目标是什么？短期只有 3 个月，能推到什么节点？
- **现状/限制：**团队调查和分析了什么？通过什么渠道进行的？效度和信度如何？
- **路径：**团队具体是怎么做的？与以往有何差异？效果怎么样？

所以，有必要将在课题研究中进行的思考和行动，以符合受众接收习惯的方式进行编排呈现，以便汇报材料与思考过程无缝对接。

行动学习汇报五结合

好的行动学习课题汇报材料，不仅仅结构完整、条理清晰，同时也会体现出行动学习的特色，背后遵循着五大原则，即行动学习汇报五结合，如图 5-1 所示。

- 理论与实践结合（知行合一）。
- 业务与能力结合（齐头并进）。
- 长期与短期结合（标本兼治）。
- 内部与外部结合（内外联动）。
- 具象与抽象结合（由点到面）。

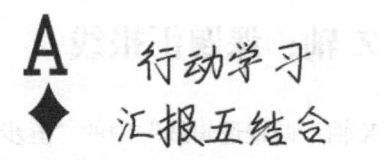

```
       行动学习
   A
   ♦   汇报五结合

   ● 理论与实践结合（知行合一）
   ● 业务与能力结合（齐头并进）
   ● 长期与短期结合（标本兼治）
   ● 内部与外部结合（内外联动）
   ● 具象与抽象结合（由点到面）

                    ♦
                    A
   Copyright ©Zhang Feng, All Rights Reserved.
```

图 5-1　行动学习汇报五结合

理论与实践结合（知行合一）

彼得·德鲁克："管理是一种实践，其本质不在于知，而在于行，其验证不在逻辑，而在于成果。其唯一的权威是成就。"

毛泽东："实践是检验真理的唯一标准。"

人们通过某些渠道获得了某些理论，这些理论或正确或有失偏颇，或者完全照搬即可或需要结合组织情况进行二次创造。只有通过实践，人们才能对理论进行检验和校正，并将其转化为自己的稳定才干。

有理论指导的实践，方向才有保障，效率才可能更高；在实践中校验理论，理论的价值才能更大化。没有实践的纯粹理论研究，不能产生闭环，"纸上得来终觉浅"。

所以，行动学习的汇报材料，不仅要讲采取了哪些行动、取得了哪些成绩，也要讲清楚采取行动的背后分析及考量，避免由于过多实施单环学习而影响组织学习。

业务与能力结合（齐头并进）

行动学习两大最直接的目标就是"能力提升"和"业务发展"，两者都不可偏废。

在课题研究中，自然要进行分析、采取行动，并取得一定的成果，这便是在促进"业务发展"。同时，从组织的角度来看，单纯只促进业务发展也不足够，组织同样希望在行动学习中人员和团队的能力（甚至组织能力）可以有所提升。

不同组织在不同情境下发起的不同行动学习项目，需求可能有较大的差异。有的组织更看重"业务发展"，有的组织则更看重"能力提升"。对于更看重"业务发展"的行动学习项目，解题思路和课题成果是重中之重，必须予以系统和清晰地呈现；对于更看重"能力提升"的行动学习项目，针对"团队是如何拓展思维和迭代心智的"，这要（在陈述问题分析解决的过程中）予以特别说明。

长期与短期结合（标本兼治）

问1：应该先制定"长期目标"还是"短期目标"？

答1："目标"的制定与分解，是"自上而下""自未来而现在"的。从某种角度来说，"目的"便是"更为长期的目标"。制定"短期目标"，是为了更好地达成"长期目标"；制定"长期目标"，是为了更好地助力"目的"的实现。所以，不能为了达成"短期目标"而伤害"长期目标"（或"目的"）。

问2：长期和短期的界限是多久？

答2：这个没有严格的定义。标准的行动学习项目为期3~4个月，短期的时间便是定在结项时。长期的话，一般在1年以内较好（当然，高层研讨的偏战略类的课题不受此限制）。

问3：可不可以不制定"长期目标"，只制定"短期目标"？

答3：一般来说，不建议只制定"短期目标"。（建议先制定"长期目标"再制定"短期目标"。）

- 如果只制定"短期目标",那么,这个"短期目标"从何而来?
- 或者,这个"短期目标"是为了什么"价值和意义"而存在的?(这个价值和意义就是"目的",也可称为"更为长期的目标"。)
- "目的"(更为长期的目标)不是一蹴而就的,为了在实践的过程中不迷航,所以需要"长期目标"做参照。而"长期目标"毕竟要 2 年(甚至 3~5 年),且行动学习项目周期通常是 3~4 个月,所以需要制定明确的"短期目标",来指引团队实践。
- 如果只制定"短期目标"(而不是先制定"长期目标"再制定"短期目标"),容易一叶障目、本末倒置。

案例 36

G 银行讨论"如何发展外资外贸客户"课题

- 原本课题组只是制定了 2 个月的"短期目标"(而没有制定"长期目标"):发展外资外贸客户 100 家。
- 什么叫"发展"?来开户就可以。那么,课题团队的努力便是寻找更容易来开户的企业,而不去管这些企业之于银行的价值。
- 开户又是为了什么?是希望这些外资外贸客户在我行开展相关业务。但悖论是,我们"发展"的那些外资外贸客户,可能未来都不会与我行发生相关业务,那么,"发展"这些外资外贸客户干吗?
- 当我们厘清"长期目标"(如 8 个月内完成 3 000 万美元中收和 30 亿美元结算量),此时,"短期目标"也就变得更为清晰明确:为了达成这个"长期目标",我们一定要去"发展"那些有潜力在 8 个月后实现 3 000 万美元中收和 30 亿美元结算量的优质客户(而不是去凑人头)。

所以,行动学习汇报中,要长期与短期结合,这样才能标本兼治。

内部与外部结合(内外联动)

所谓的内部与外部,分为两个层面:"课题组层面"和"课题层面"。

课题组层面：行动学习中，存在着 A 和 B 两个团队。

A 团队：要想推进（或解决）这个课题，现实场景中最应该加入的那些人所构成的团队，也叫现实问题解决团队。这是个虚拟团队，所有人都与课题高度相关，人数可能与行动学习团队 B 相当，也可能远远超过行动学习团队 B。

B 团队：行动学习团队，通常为 6~8 个人，可能都与课题强相关，也可能只有个别人与课题相关。

A 团队和 B 团队的人员会有重叠，重叠数量越多，表明 B 团队中强相关成员越多，对课题推进可能越有利。

虽然 B 团队是行动学习团队，但课题要想推动得更好，B 团队一定要与 A 团队高度协作（可能是 A、B 并肩作战，但更有可能的是 B 团队利用访谈、调研、会议等方式，向 A 团队了解情况及争取 A 团队的支持），绝不能 B 团队自己闭门造车。否则，课题成果容易"两张皮"。

K 证券公司讨论"如何加速大学生新员工培养"课题 〔案例 37〕

行动学习团队（团队 B）由 8 位经理构成，却没有 1 位来自人力资源部。过程中，行动学习团队（团队 B）也甚少与现实问题解决团队（团队 A，成员包括 HRM 及主要业务部门总监等）沟通。最终结果是，报告中的很多事实层面信息都遭到了 HRD 及业务部门的强烈质疑，更不必谈成果了。

所以，关于课题汇报材料，到底是充分整合了 A 团队的意见和资源，还是只有 B 团队在想当然？这直接关乎课题成果价值。

课题层面：如果不知道谁做得比较好，以及他们是怎么做到的，那么，折腾了几个月，很可能还是新瓶旧酒，进展有限。

- 哪些友商/兄弟单位也遇到（过）类似情况？他们是怎么应对的？结果如何？

- 在处理这个问题上,哪个组织是公认的标杆?他们为什么能做到?
- 在他们采取的这些措施中,哪些是可以学习借鉴的?哪些很难迁移为己用?

这个标杆,可以是内部的某个部门/团队/兄弟公司,也可以是友商,还可以是行业外的某个组织。

一方面,要正视自己的问题,找到过往做得不到位的地方,进行改进;另一方面,也要找到标杆(明确自己的位置),积极借鉴优秀做法。

F政府讨论"如何借助粤港澳大湾区政策东风发展乡村旅游"课题 案例38

课题研究到第3周时,逐渐陷入了僵局。此时,通过向外看,参考和借鉴优秀省市的做法,快速明确自身差距,找到了课题推进的突破口。

H超高端乳业品牌讨论"如何建立会员积分体系"课题 案例39

团队成员在会员积分体系搭建方面没有经验,不知从何抓起。此时,通过向内看(参考集团高端品牌A的会员积分体系)和向外看(参考超高端友商F的会员积分体系,以及跨界的快消品牌P的会员积分体系),快速找到行动点。

所以,在行动学习汇报中,既要有"课题组层面"的内外联动(A、B团队联动),也要有"课题层面"的内外联动(标杆联动)。

具象与抽象结合(由点到面)

如果一个课题组,经过几个月的努力,把本组课题推进得很好,但学员回到工作岗位,面临新课题或新任务时,则又陷入混沌,完全没有思路。这说明,学员还没有掌握解题方法,尚处在"自嗨阶段"。

第 5 章　汇报篇——思考与呈现如何无缝对接

人们不仅应该研究课题，更要研究课题研究背后的逻辑、方法、流程和工具。如果真正熟练掌握了这些方法论，当遇到新课题时，大脑才会启动思维的自动驾驶，不必刻意费力思考，课题也就迎刃而解了。这就好比人们开车行驶在一条熟悉的道路上，你从来不需要想着几时该打左转向、几时该加油、几时该踩刹车，你已熟练掌握驾驶技术，思维自动驾驶了。

同时，从组织的维度来讲，举一反三、由点到面，更利于组织经验的萃取、传播和沉淀。

行动学习汇报框架

虽说文无定法，但有时为了帮助课题组快速整理汇报思路，以下还是给出行动学习汇报框架参考（见图 5-2）。

- 第一部分：背景说明。
- 第二部分：课题分析。
- 第三部分：行动与成果。
- 第四部分：未来展望。
- 第五部分：学习与成长。

重要说明：

1. 本文所列汇报材料撰写的结构仅是抛砖引玉，各组完全可以结合本组课题实际进行重新设计，不必拘泥于此。

2. 无论采用什么样的汇报结构，都应该要展现课题的价值、分析过程（重点）、采取的行动、目标达成情况、对课题未来的展望，以及团队在课题研究中的学习成长。

3. 汇报材料准备得要尽量详细，但在正式汇报时需要有所侧重。

图 5-2　行动学习汇报框架

第一部分：背景说明（见图 5-3）

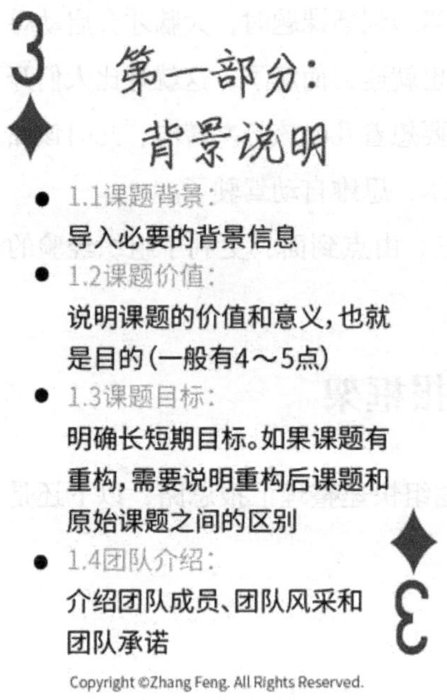

努力了 3 个月，终于到了结项汇报的时候，来听汇报的人可能来自不同的部门和层级，对于你所研究的课题的理解度可能也差异巨大，不能上来就讲取得了什么成果？至少，应该先介绍下背景，交代清楚这是个什么课题，讲明白都谁做的吧？

- 意义：导入必要的背景信息，说明课题价值及目标，介绍团队情况。
- 参照："表单 01：课题澄清表"。
- 内容：

1.1 课题背景：导入必要的背景信息（便于大家初步了解课题的重要性）。这里的内容，主要来自"表单 01：课题澄清表"中的最左侧"背景区"。

图 5-3　第一部分：背景说明

课题背景信息的导入，通常有以下三种方式。

  ✓ 数据导入。通过有冲击力的数据，直接切入。

  ✓ 案例导入。以典型案例开场，引人入胜。

  ✓ 逻辑导入。逻辑导入很顺畅，但通常在引起共鸣上，逊色于前两种方式。

  1.2 课题价值：说明课题的价值和意义，也就是目的（一般有 4~5 点）。这里的内容，主要来自"表单 01：课题澄清表"中的左侧数第二列"目的区"。在探询"目的"时，需要注意"三拉"。

  ✓ 拉高。站在比自己至少高两级的视角，来思考"目的"。

  ✓ 拉远。站在未来 3~5 年（甚至更远）来看本课题的价值。

  ✓ 拉全。"目的"不止一个，通常为 3~5 个。

  1.3 课题目标：明确长短期目标。如果课题有重构，需要说明重构后课题和原始课题之间的区别。这里的内容，主要来自"表单01：课题澄清表"中的左侧数第三列"课题区"和第四列"目标区"。"澄清后课题"通常以"如何……"来描述，且从经验来看，1/4～1/3 的行动学习课题需要重构。介绍目标（尤其是短期目标），这就在大家心中种下了一颗种子，大家接下来的主要关注点就会集中于是怎么分析及行动的，以及为什么没有达成目标上。

1.4 团队介绍：介绍团队成员、团队风采和团队承诺。团队介绍没有固定形式，展现的风格与组织文化没有明显冲突即可。

第二部分：课题分析（见图5-4）

第一部分介绍完，大家已经知道了为什么要做这个课题（目的），以及应该做成什么样（目标）。接下来，是不是应该告诉受众：进行了哪些调查与分析？获得了哪些资讯与结论？这些对于采取进一步的行动有何意义？

- **意义**：说明分析过程，探询改善空间。
- **参照**："表单 02：课题分析表""表单 03：方案逻辑图"。
- **内容**：

2.1 分析内容：呈现几张分析表单的名称。通常，"分析内容"只用 1 页 PPT 即可。在操作层面，通常有以下两种。

  ✓ 第一种方式：通过依次介绍分析表单来说明思路。这里的内容，主要来自"表单 03：方案逻辑图"的最左列（分析内容）。

  ✓ 第二种方式：通过介绍思考逻辑来简要说明思路。通常，比较复

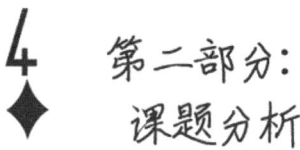

图 5-4 第二部分：课题分析

杂的项目才需要运用这种方式（可能涉及众多表单，运用第一种方式介绍反而容易让人困惑）。

2.2 分析过程：分别就 2.1 中的每张分析表单展开分析，且每张分析表单都应有明确小结论。这里的内容，主要来自"表单 02：课题分析表"，以及"表单 03：方案逻辑图"的最左列（分析内容）和左侧数第二列（小结论）。

2.3 分析结论：2.2 中所有表单分析完后，将小结论汇总提炼为大结论。这里的内容，来自"表单 03：方案逻辑图"的左侧数第三列（大结论），且大结论一般为 4~6 个。

第三部分：行动与成果（见图 5-5）

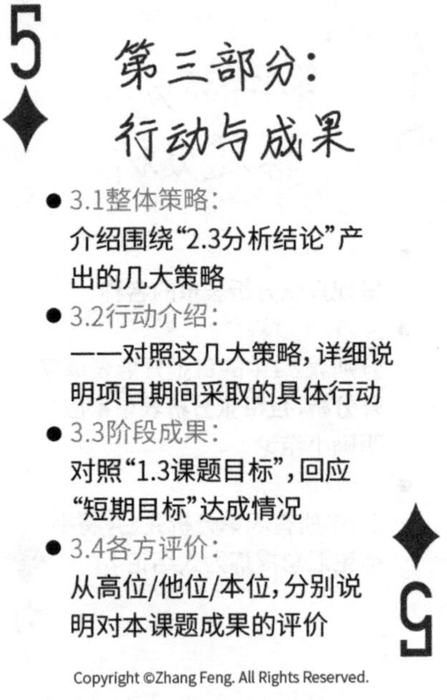

第二部分介绍完，大家已经知道了整体思考框架或逻辑，也知道通过什么方式进行了哪些调研和分析、得出了哪些结论，以及后续的大体策略。那么，接下来，就要具体展现是怎么推行和落地这些策略，并回应是否达成设定的"短期目标"。

- **意义**：介绍采取的行动实践，回应课题"短期目标"达成情况。
- **参照**："表单 03：方案逻辑图"、"表单 04：行动计划表"、"表单 05：指标追踪表"和"表单 01：课题澄清表"。
- **内容**：

3.1 整体策略：介绍围绕"3.2 分析结论"产出的几大策略。这里的内容，主要来自"表单 03：方案逻辑图"的最右列（出策略）。

3.2 行动介绍：一一对照这几大策略，详细说明项目期间采取的具体行动。汇报材料（或辅助材料，如相关的表单等）中的行动介绍内容要尽量

图 5-5　第三部分：行动与成果

- 3.1 整体策略：
  介绍围绕"2.3 分析结论"产出的几大策略
- 3.2 行动介绍：
  一一对照这几大策略，详细说明项目期间采取的具体行动
- 3.3 阶段成果：
  对照"1.3 课题目标"，回应"短期目标"达成情况
- 3.4 各方评价：
  从高位/他位/本位，分别说明对本课题成果的评价

翔实，但汇报讲解时绝不需要把所有行动全部介绍出来，而是要有所侧重——把那些特别值得说明的行动介绍清楚，以点带面。同时，也要考虑多结合照片（甚至视频）展现行动过程和结果，以便大家更有场景感。

3.3 阶段成果：对照"1.3 课题目标"，回应"短期目标"达成情况。"短期目标"中如果只有交付物，则必须要回应产出了哪些交付物，以及这些交付物的状态（是全面推广？还是完成验证？还是只产出了初稿待验证？等等）。"短期目标"中如果也有指标项的，则必须列清目前指标值，并明确回应是否有达成项目初期设定的"短期目标"。同时，交付物的操作同上。

3.4 各方评价：从高位/他位/本位，分别说明对本课题成果的评价。

第四部分：未来展望（见图 5-6）

第三部分介绍完，大家已经知道了是如何将策略落实到具体行动上的，以及在多大程度上达成了之前设定的"短期目标"。而"短期目标"是为"长期目标"服务的，"长期目标"更是为"目的"服务的，所以，接下来，是不是应该告诉大家：关于更为长期的规划，是怎么思考的？

- **意　义**：连接长期目标，为后续研究指明方向。
- **参　照**："表单 01：课题澄清表"。
- **内　容**：

4.1 趋势分析：分析说明未来趋势（1~5年）对"长期目标"达成的影响。这里的"趋势分析"，对照回去，就是"向前推理"中的"趋势和方向"。

4.2 思路建议：结合"4.1 趋势分析"，站在"高位"，给出达成"长期目标"的整体性思路建议。跳出"本位"限制，站在"高位"思考，要想

第四部分：
未来展望

- 4.1趋势分析：
  分析说明未来趋势(1~5年)对"长期目标"达成的影响
- 4.2思路建议：
  结合"4.1趋势分析"，站在"高位"，给出达成"长期目标"的整体性思路建议
- 4.3所需支撑：
  要想实现4.2的思路建议，需要"高位"和"他位"给予哪些支撑

图 5-6　第四部分：未来展望

达成之前设定的"长期目标",都要在哪些方面做好努力?此处,也可借鉴"向前推理"中的"成功要素"。(成功要素:又叫充分条件,且主要锁定在组织内部可控项上。换句话说,组织内部哪些方面都做到位,则课题"长期目标"便可以实现。)

4.3 所需支撑:要想实现 4.2 的思路建议,需要"高位"和"他位"给予哪些支撑?为了达成"长期目标",给出了 4.2 中的思路建议,但这些思路建议需要用到资源,希望"高位"和"他位"给予哪些支持?这一部分,有时对于组织来说,特别有价值。

第五部分:学习与成长(见图 5-7)

前四个部分介绍的主要都是课题内容(属"业务发展"),而从组织的角度来说,也希望团队成员的能力也有提升。所以,第 5 部分,单列出来,向组织呈现进步。

- **意义**:总结所学,帮助迁移转化。
- **参照**:个人学习笔记。
- **内容**:

5.1 学习收获:总结团队/个人学习收获,并说明迁移转化情况。行动学习期间的课题研究虽然很重要,但毕竟只有 3~4 个月的时间。组织更为关注的是:有没有把这些工具和方法也同步运用到日常工作中,以及取得了哪些看得见的效果。所以,在这一部分,可以以实践案例(或个人感想等形式)来呈现所学。

5.2 表扬与感谢:提出表扬与感谢,并说明具体原因。对象可以是导师和专家,也可以是 A 团队或 B 团队的人员等。

5.3 总结词:一两句话点睛,结束课题汇报。

图 5-7 第五部分:学习与成长

有趣的是：

- ✓ 课题成果比较好的团队，不太重视"第五部分：学习与成长"，觉得没必要。
- ✓ 课题成果糟糕的团队，也不太重视"第五部分：学习与成长"，觉得没什么可写。
- ✓ 那些课题成果又好又很重视"第五部分：学习与成长"的团队，通常确实非常优秀。

第6章 评价篇[1]

——如何以终为始看评价

- 行动学习项目评价的意义
- "三听三看三转变"之"三听"
- "三听三看三转变"之"三看"
- "三听三看三转变"之"三转变"

---

[1] 此部分内容改自张峰参与编写的《行动学习：激发管理潜能》一书中的第12章的12.1节内容。

行动学习项目评价的意义

越来越多的组织引入行动学习,以此来推动业务发展并提升学员的管理能力。可是,如何有效地评估行动学习项目的价值,却令很多人困惑不已,这也在一定程度上束缚了行动学习项目的推广。其实,评价的价值并不仅在于项目最终价值的展现,更为重要的是,通过有效的项目评价体系,人们得以提早预知风险,并在项目过程中就此采取措施,确保项目成功。

这一章,将会介绍行动学习项目评价的正确打开方式。行动学习项目评价,说起来也不难,只需要"三听、三看、三转变",如图 6-1 所示。

图 6-1　行动学习评价之三听三看三转变

- 三听:听口碑、听收获、听起落。
- 三看:看指标、看沉淀、看成长。
- 三转变:行为转变、思维转变和态度转变。

"三听三看三转变"之"三听"

首先,先来说说三听(见图 6-2)。

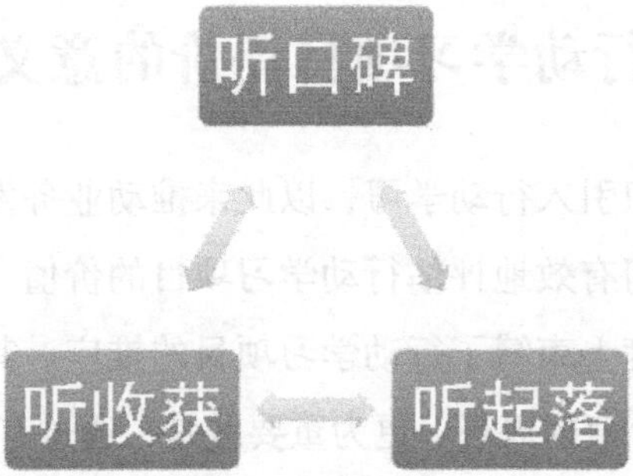

```
     ┌─────────┐
     │  听口碑  │
     └─────────┘
         ↕
┌─────────┐   ┌─────────┐
│  听收获  │ ⟷ │  听起落  │
└─────────┘   └─────────┘
```

图 6-2　三听

三听之一：听口碑（见图 6-3）。

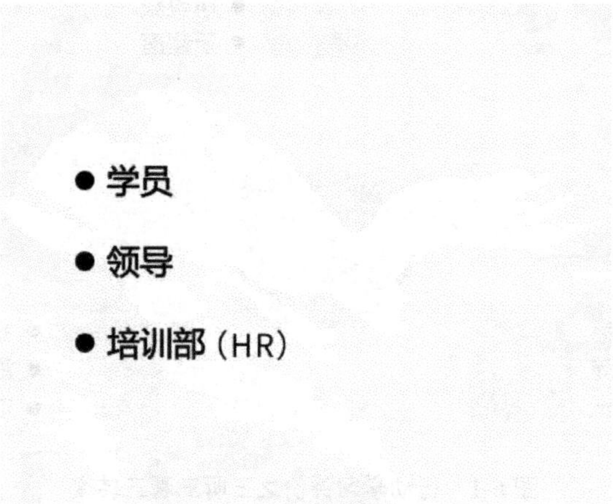

- 学员
- 领导
- 培训部（HR）

图 6-3　听口碑

在行动学习项目中，有三类利益相关方需要给予特别重视：学员、领导和培训部（HR）。大家的角度不同，需求不同，评价的维度自然也就不完全相同。同时赢得三类利益相关方的点赞项目，那就一定是好项目。

先来看学员。学员是行动学习的主角，他们对于行动学习项目的评价，至关重要。学员的背景、经历、学识和能力可能差异很大，大家在项目中的需求和期待也不尽相同，正所谓众口难调。能够在学习体验、新知获取和团队成长等方面赢得学员普遍美誉的项目，通常错不了。

第6章 评价篇——如何以终为始看评价

再来看领导。在标准的行动学习项目中，每一组都会有领导作为课题导师，为课题提供必要的激励与指导。导师会站在更高的视角（甚至是组织视角）来看待行动学习，他们持正面评价的行动学习项目，通常差不了。

最后看培训部（HR）。培训部（HR）通常是组织者和跟进方，他们会从行动学习专家的专业性、项目管理水平和学员满意度等方面进行评价和反馈。

如果一个行动学习项目同时赢得了学员、领导和培训部（HR）三方面的口碑，恭喜你，这个项目很棒！

三听之二：听收获（见图6-4）。

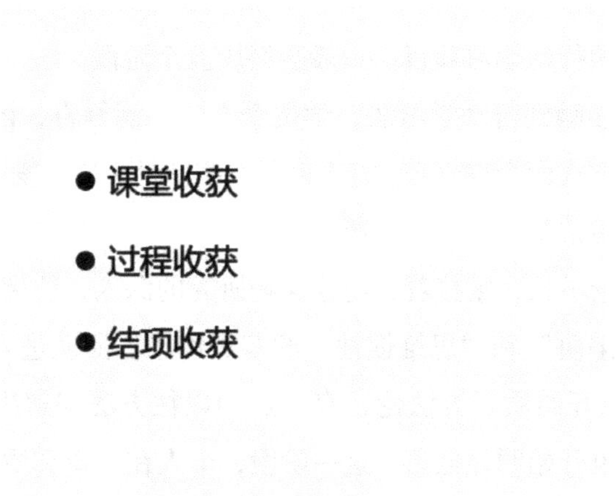

- 课堂收获
- 过程收获
- 结项收获

图6-4 听收获

在课堂研讨中，会专门设置总结反思环节，留意倾听学员的收获（与困惑）。

在分散实践、推动课题的过程中，通过小组微信群和线下沟通会，也会捕捉到大家的收获（与困惑）。

在结项汇报会中，各组也会将行动学习项目中的收获加以总结和展现。

课堂上有收获、课题推进过程中也有收获，结项时才会有真正的收获。所以，在项目中，一旦发现某一阶段学员无明显收获，则要立即进行分析，甚至介入。

三听之三：听起落（见图 6-5）。

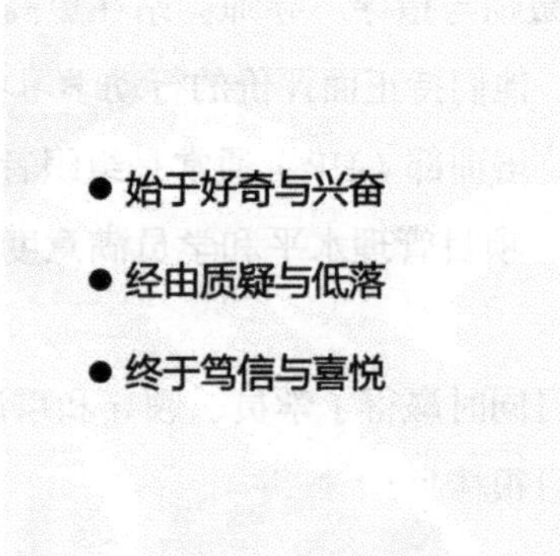

- 始于好奇与兴奋
- 经由质疑与低落
- 终于笃信与喜悦

图 6-5　听起落

一个成功的行动学习项目，一般会经历五个阶段。

起初，刚接触到行动学习法，学员个人会充满好奇，团队也会由于这种全新的对话方式而变得兴奋。这个时候，团队处于"阶段一：产生兴趣"，人们看到的，通常都是满满的正能量。

但是，好景不长，紧接着，随着课题研究的深入，仿佛走进了黑森林，由于"胜任力陷阱"和"思维惯性"的双重作用，团队进入"阶段二：跌入陷阱"：学员开始质疑方法论，有想运用以往方法来解决问题的强烈冲动，团队士气也开始明显低落。这一阶段，个人在好奇和质疑间徘徊不定，团队在兴奋与低落中彷徨不前。并且，持续时间可能比较久，通常为 1~3 个月时间。

随着项目组的及时干预和大家的不断努力，团队得以进入"阶段三：开始认真"和"阶段四：持续发力"。经过了几轮的徘徊与彷徨，大家对于行动学习的认知有了新的高度，团队状态由前期的低落变为了平和的喜悦，个人也对于行动学习深信不疑。

到项目结项时，将会有部分学员进入"阶段五：融入日常"。

成功的行动学习项目，通常会经历这五个阶段，有起有落——起始于好奇和兴奋，经由质疑与低落，终于笃信和喜悦。

以上就是三听部分：一听口碑、二听收获、三听起落。

"三听三看三转变"之"三看"

接下来,来说说三看:一看指标、二看沉淀、三看成长(见图6-6)。

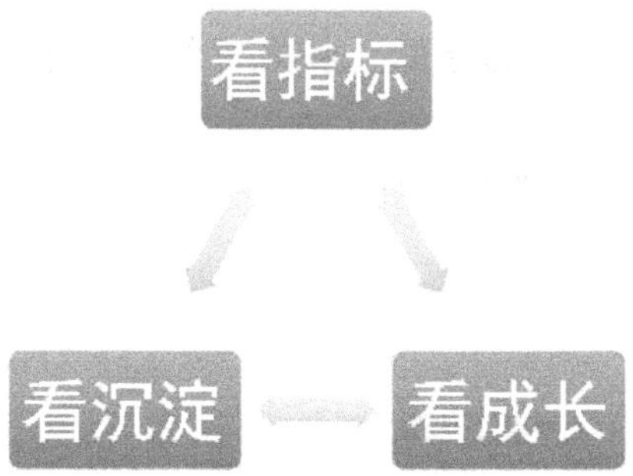

图6-6 三看

三看之一:看指标(见图6-7)。

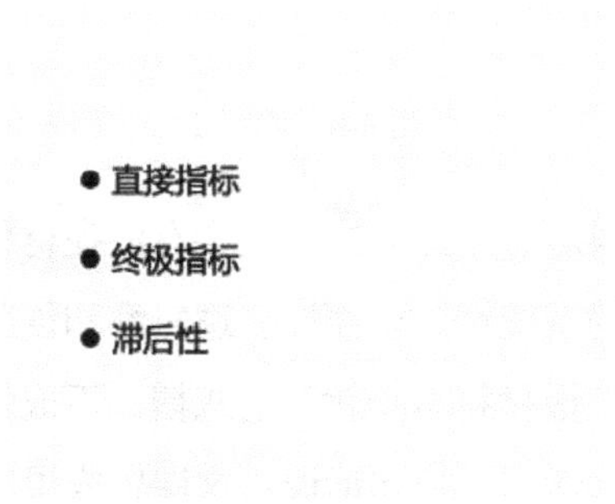

- 直接指标
- 终极指标
- 滞后性

图6-7 看指标

如果课题短期有指标项,那自然要看指标。指标大体分两类:一个是"直接指标",另一个是"终极指标"。

例如,Z银行信用卡中心讨论"如何提高外访成功率"课题。

- 直接指标:"外访成功率"。
- 终极指标:"回款率(额)"。
- 解读:在这个课题中,提高"外访成功率"的价值和意义是为了提高"回款率(额)"。如果经过几个月的努力,"外访成功率"(直接指标)大幅度提高,但"回款率(额)"(终极指标)不升反降,这就本末倒置了。而如果"外访成功率"和"回款率(额)"这两个指标都提高明显,那可能更靠谱些。

所以,从指标上评价,要尽量避免只看"直接指标",而忽视了"终极指标"。另外,相比于"直接指标"来说,"终极指标"更具有滞后性。

三看之二:看沉淀(见图6-8)。

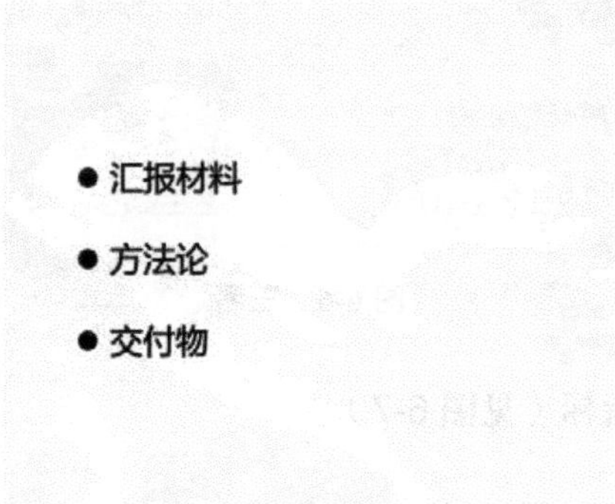

- 汇报材料
- 方法论
- 交付物

图6-8 看沉淀

首先,看汇报材料。各个课题组一定会有汇报材料,成功的行动学习项目,其课题汇报材料的系统性、全面性、逻辑性和创新性等方面都会有突破性展现。如果课题的汇报材料本身就乱七八糟,不成体系,纵使其指标再耀眼,也很难归功于行动学习,换句话说:这课题成果和你没啥关系。

其次,看方法论。各组是否摸清了该类课题的固有属性,并沉淀出相关方法论,以便运用和推广到组织的更多场景里?

例如,S地板公司讨论"如何优化地板定价方式"课题。

4个月下来,不仅5款产品(因为定价策略成功而)卖爆。更为重要的是,团队上升到了方法论层面,将这些具体的操作提炼成了定价模式,并在公司推广,后续所有的地板定价都采用了这一新模式,持续为公司创造价值。

例如,N商业银行讨论"如何提升中小企信贷产品的综合竞争力"课题。

半年努力之后，不仅六大试点区域短期的业绩指标全面达成，同时，更为重要的是，团队提炼出了已经经过一定实践检验的本行提升中小企信贷产品综合竞争力的五大要素。依照这五大要素，后续全行范围内的整体提升便有了保障。

最后，看交付物。如果课题只瞄准短期的定量指标（如销售额、发货周期、废品率、满意度等），由于"霍桑效应"和"资源优势"的双重作用，短期内达成定量指标未必特别困难。重点是，当行动学习项目组解散后，这些指标很可能反弹到行动学习前的水平（甚至更糟）。这里面的核心原因之一，便是没有把这些具体的策略和行动固化为制度、流程和工具，也就是交付物。除 PPT 版汇报材料外，行动学习项目中还会有其他的交付物，这些交付物，有的是从"无"到"有"的，有的是从"有"到"优"的。通过持续运用这些交付物，才能确保组织的长久收益。

例如，Z 电信公司讨论"如何提高家庭宽带续存率"课题。沉淀出了《家宽续存外呼话术指引》、《重点小区家宽续存客户画像集优化稿》和《家宽续存一本通》等交付物，各分、子公司通过持续不断地迭代和运用这些交付物，创造了巨大的价值。

例如，G 港口集团讨论"如何突破海铁联运"课题。

不仅海铁联运指标超额达成，同时还优化了三大交付物（《外派人员管理办法》、《XX 班列作业流程》和《港内火车卡装卸作业方案》），新增了四大交付物（《海铁联运操作手册》、《外线车作业流程》、《装卸作业考核指引》和《跨部门会议指导手册》）。通过持续运用和迭代这些交付物，海铁联运工作得以有序开展。

三看之三：看成长（见图 6-9）。

首先，学员成长。学员是行动学习的主角，他们有哪些提升和改善，可以通过学员的自我评价、同级评价、上司评价和专业测评来获得。

其次，团队成长。看团队的氛围是否更为融洽，团队研讨的效率是否更高了，处理问题的技巧是否更娴熟了，解决问题的质量是否更好了。

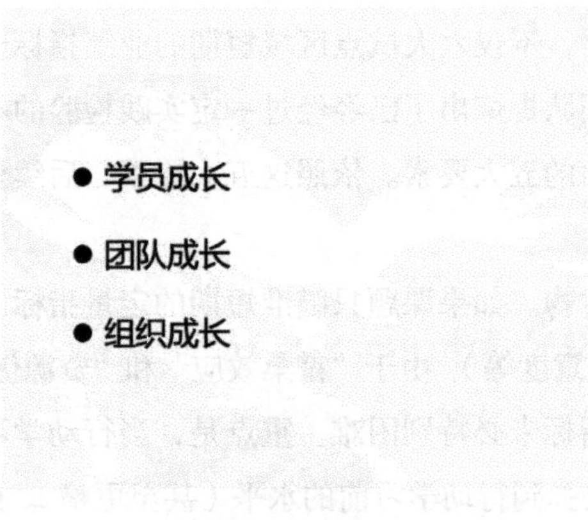

- 学员成长
- 团队成长
- 组织成长

图 6-9　看成长

最后，组织成长。组织的有效性是否因此得以提高？这点可以借助专业的模型和工具来展开系统分析。

以上是三看部分：一看指标、二看沉淀、三看成长。

"三听三看三转变"之"三转变"

最后，再来说说三转变：行为转变、思维转变和态度转变（见图 6-10）。

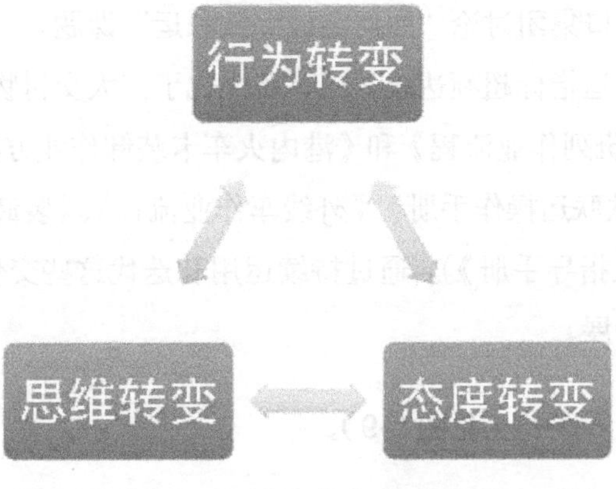

图 6-10　三转变

三转变之一：行为转变（见图 6-11）。

行为转变具体体现在三个方面。

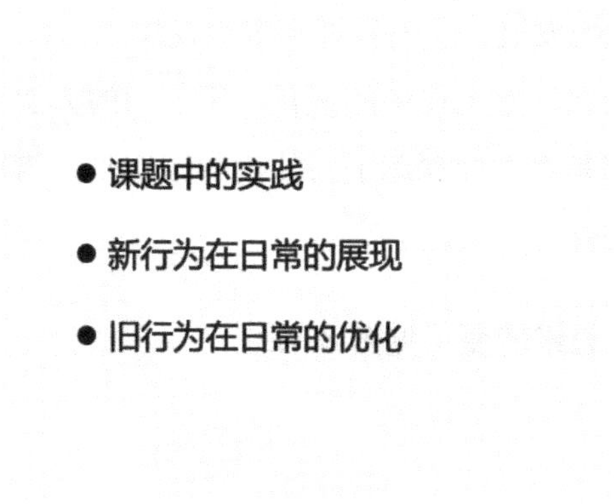

- 课题中的实践
- 新行为在日常的展现
- 旧行为在日常的优化

图 6-11　行为转变

第一，课题中的实践。行动学习期间，学员通过各种渠道获取的方法和工具有没有运用在课题的实践中？如果没有，毫无疑问，这是失败的项目。

第二，新行为在日常工作中的展现。学员只是在课题中运用所学，还是已经迁移到日常的工作中去了，这是一个非常重要的评价维度。学员只在行动学习项目中运用这些方法，而从不在日常工作中运用，这是典型的行动学习专家自嗨型项目，或是典型的培训管理者自嗨型项目。

例如，H 烟草公司管理人员行动学习项目。

大家觉得课题研究才需要这么多的工具和方法，而日常工作中根本用不到，也完全不需要，所以项目结束后大家自然也没有将这些工具和方法运用到实际工作中去。

例如，Z 证券公司分支机构负责人行动学习项目。

第一，某课题组汇报时运用了大量的思维工具，就此得出的结论和行动成果也非常好，但私下里我们得知，该组学员觉得行动学习就是给领导看的，日常工作是另一回事，用不上。

第二，其实，行动学习项目期间研究的课题固然重要，但更为重要的应该是日常工作。行动学习课题来源于日常工作，更应该也回到日常工作中去——学习那些对于人们工作实践有帮助的工具和方法，学习后马上去进行实践，在实践中进一步迭代并内化为人们自身的稳定才干，从而兼顾实现三大发展：能力发展、业务发展和组织发展。

第三，旧行为在日常工作中的优化。很多旧的方法和工具可能依然在用，但大家的理解是否更加深刻了？使用的频次是否增加了？运用是否更加熟练了？效果是否更为明显了？

三转变之二：思维转变（见图 6-12）。

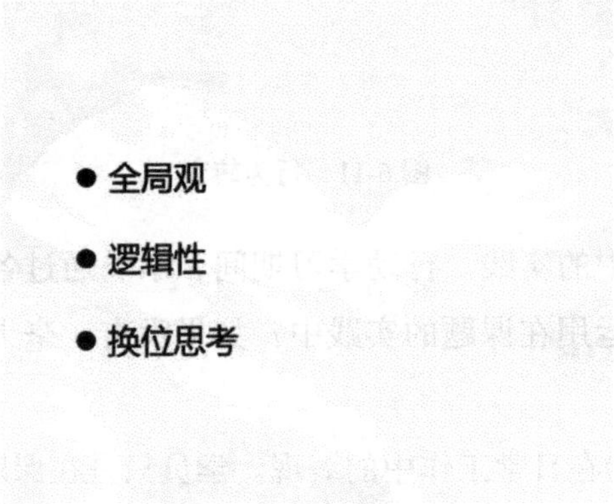

- 全局观
- 逻辑性
- 换位思考

图 6-12　思维转变

学员思维的转变要问这几个问题：是否更有全局观了？逻辑性是否更好了？是否更能从他位和高位思考问题了？

例如，S 移动互联网公司的行动学习项目。

结项半年后，行动学习专家进行回访，做了 360°的调查，发现无论从上司、平级还是自身和下属角度来看，大家普遍认为学员对问题的感知更敏锐了（从 7 分提高到 8.2 分）、思考更深入了（从 7.2 分提高到 8.5 分）、解题思路更清晰了（从 6.5 分提高到 8.3 分）。

例如，B 新能源公司中层干部行动学习项目。

在前几年公司业务疯狂增长，造就了公司"重执行、轻筹谋"的文化，经历过大半年行动学习的锤炼后，遇到相对复杂的任务和难题，团队成员不再像以往那样直接做决策（路径），而习惯性地先来问：为什么这是个问题（目的）？应该做到什么程度（目标）？应该了解哪些信息（现状/限制）？

三转变之三：态度转变（见图 6-13）。

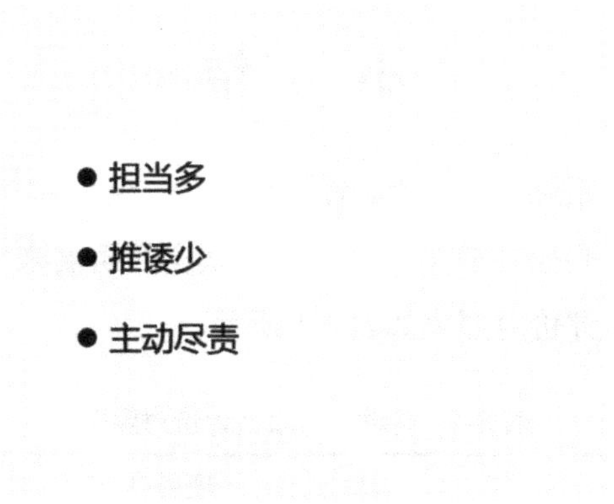

- 担当多
- 推诿少
- 主动尽责

图 6-13　态度转变

学员是否少了推诿、多了主动尽责？

例如，A 乳液公司中层干部行动学习项目。

中间也遇到了很多困难，但是团队成员彼此支撑，相互扶持，不仅出色地完成了五大课题，而且我非常欣慰地见证了：大家推倒部门墙，实现了跨部门团队的融合。

例如，N 测绘公司中高管行动学习项目。

不仅助推了公司上市计划，更为重要的是，经过几个月的学习和实践，团队成员对于业务和彼此的认识都更为系统和深刻，一改以往部门间协作中的保守作为，以更为开放和包容的姿态主动承担责任和工作，减少了内耗、提高了效率。

小　结

行动学习项目系统性的评价，需要借助"三听三看三转变"，但用到的资源和投入的精力也会比较多。其实，从现实的角度来看，更建议简化操作。行动学习项目评价对照表如表 6-1 所示。

表 6-1　行动学习项目评价对照表

对应大项	对应小项	迷你项目（累计研讨 2~3 天，一般持续 1 个多月）	中等项目（累计研讨 4~5 天，一般持续 2~3 个月）	完整项目（累计研讨 6~8 天，一般持续 3~4 个月）
三听	听口碑		√	√
	听收获	√	√	√
	听起落		√	√
三看	看指标		√	√
	看沉淀	√	√	√
	看成长	√	√	√
三转变	行为转变		√	√
	思维转变			√
	态度转变			√

后记：万法归宗，重回常识

万法归宗，重回常识。写了一整本，其实说来说去核心还是"核心四问"（四大要素）。

- 目的：为啥要干这事儿？
- 目标：得做成啥样？
- 现状/限制：需要了解点啥？
- 路径：打算咋办？

几乎所有层面的问题分析，都涉及"四大要素"。当四个要素都由不清晰变为清晰时，余下的，便是实践了。

"两向推理"也好，"三位一体"也行，"五步流程"也罢，本质上都是为探询"四大要素"服务的，所以说，"四大要素"是思维的原点。

曾经，在课堂上，也有学员调侃说："核心四问"（四大要素）应该叫"三啥一咋"，叫什么不重要，重点是，能帮到大家就好。

参考文献

[1] 克里斯·阿吉里斯，唐纳德·舍恩. 组织学习Ⅱ：理论、方法与实践[M]. 姜文波，译. 北京：中国人民大学出版社，2011.

[2] S.Ian Robertson. 问题解决心理学[M]. 张奇，等，译. 北京：中国轻工业出版社，2004.

[3] 戴维·H.乔纳森. 学会解决问题：支持问题解决的学习环境设计手册[M]. 刘名卓，等，译. 上海：华东师范大学出版社，2015.

[4] 迈克·佩德勒，克里斯蒂娜·阿博特. 行动学习催化秘籍[M]. 郝君帅，王金帅，王培杰，译. 北京：机械工业出版社，2015.

行动学习大三线模型

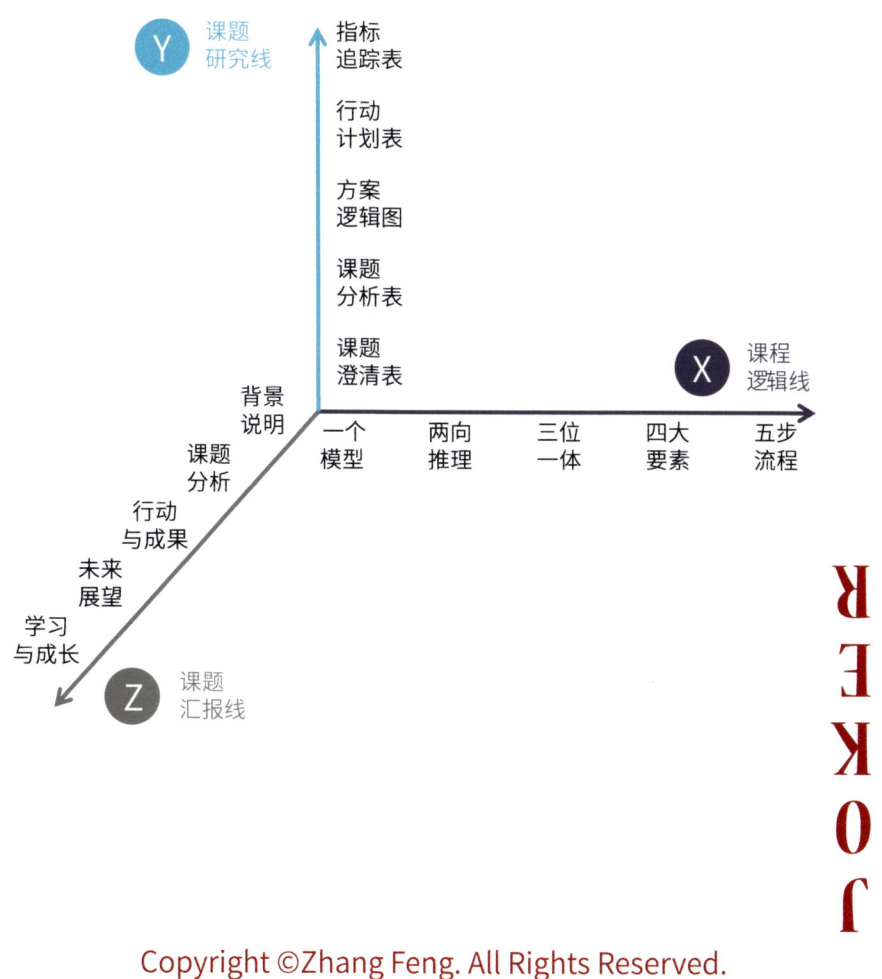

- Y 课题研究线
  - 指标追踪表
  - 行动计划表
  - 方案逻辑图
  - 课题分析表
  - 课题澄清表

- X 课程逻辑线
  - 一个模型
  - 两向推理
  - 三位一体
  - 四大要素
  - 五步流程

- Z 课题汇报线
  - 背景说明
  - 课题分析
  - 行动与成果
  - 未来展望
  - 学习与成长

Copyright ©Zhang Feng. All Rights Reserved.

JOKER

张峰老师
数字2019

交付项目25个

辅导课题111个

时间投入172天

JOKER

Copyright ©Zhang Feng. All Rights Reserved.

A ♠ 什么是行动学习

行动学习是**组织学习**的承载方式之一。人们组成团队来解决真实的、重要的难题或挑战，并在过程中实现个人、团队和组织的能力提升

- 边学边做边反思
- 能力业务齐发展

2 ♠ 行动学习的两大目标

- 能力提升
- 业务发展

3 ♠ 行动学习五大要素

- 挑战
- 团队
- 行动
- 反思
- 行动学习专家

4 ♠ 行动学习的价值

- 之于组织
- 之于团队
- 之于HR
- 之于个人

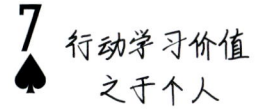

5 ♠ 行动学习价值之于组织

- 适应变化
- 纠正错误
- 创造知识

6 ♠ 行动学习价值之于团队

- 促进协作
- 解决问题
- 提高效率

7 ♠ 行动学习价值之于个人

- 掌握方法
- 提升能力
- 优化心智

8 ♠ 行动学习价值之于HR

- 了解业务
- 创造价值
- 探索模式

9 ♠ 行动学习专家：张峰先生

- 过程引导（风趣且有效的互动风格）
- 思维引领（独创行动学习一二三四五）
- 内容辅导（500+个课题贴身辅导经历）

10♠ T-CFT模型

- 引导 Facilitation
- 内容 Content
- 思维 Thinking

Copyright ©Zhang Feng. All Rights Reserved.

J♠ 张峰老师 核心观点一

" 单纯的过程引导，并不是总能够达成理想效果 "

Copyright ©Zhang Feng. All Rights Reserved.

Q♠ 张峰老师 核心观点二

" 在现在的中国，行动学习专家往往需要适度介入内容 "

Copyright ©Zhang Feng. All Rights Reserved.

K♠ 张峰老师 核心观点三

" 有时，项目强管控是降低风险的有效路径之一 "

Copyright ©Zhang Feng. All Rights Reserved.

A♥ 行动学习时钟模型 (ALCM)

Copyright ©Zhang Feng. All Rights Reserved.

2♥ 两向推理

向后推理
| 过去 | 发生 | 改善空间 |
| 现在 | 确知 | |

向前推理
| 目的 | 趋势 | 成功要素 |
| 目标 | 方向 | |

Copyright ©Zhang Feng. All Rights Reserved.

3♥ 三位一体

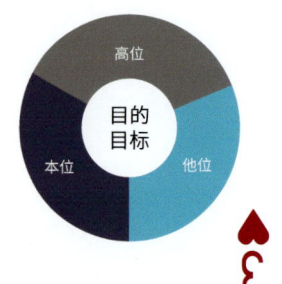

- 高位
- 本位
- 他位
- 目的/目标

Copyright ©Zhang Feng. All Rights Reserved.

4♥ 核心四问

- 为啥要干这事儿
  【目的：Why】
- 得做成啥样
  【目标：What】
- 需要了解点啥
  【现状/限制：What】
- 打算咋办
  【路径：How】

Copyright ©Zhang Feng. All Rights Reserved.

5♥ 目的

- "目的"也叫"价值/意义"，是组织发起某一课题的"初心"
- 探询"目的"的优先级，要远大于"目标"
- 绝对不可以"目标"达成了，却伤害了组织的"初心"

Copyright ©Zhang Feng. All Rights Reserved.

6 ♥ 目标

- 在未来的某个时间节点，人们期待达到的状态或结果，便是"目标"
- 针对3个月的标准项目，"短期目标"的时间设置通常参考行动学习的结项时间
- "交付物"对于组织的价值，甚至远远大于指标成果本身

7 ♥ 米开朗基罗·博那罗蒂

Michelangelo Buonarroti
（1475—1564年）

最大的危险不是我们的目标太高，我们错失了；而是目标太低，我们达到了

8 ♥ 现状

- 时间上，包含"过去"和"现在"
- 空间上，包含"内部"和"外部"
- 操作上，"5W+Why"是基础

9 ♥ 5W+Why

现状 — Who 谁 / Which 哪个 / When 什么时候 / What 什么 / Where 哪里 → Why 为什么

10 ♥ 限制

- 组织文化限制
- 资源限制
- 心智模式限制

J ♥ 课题分析表

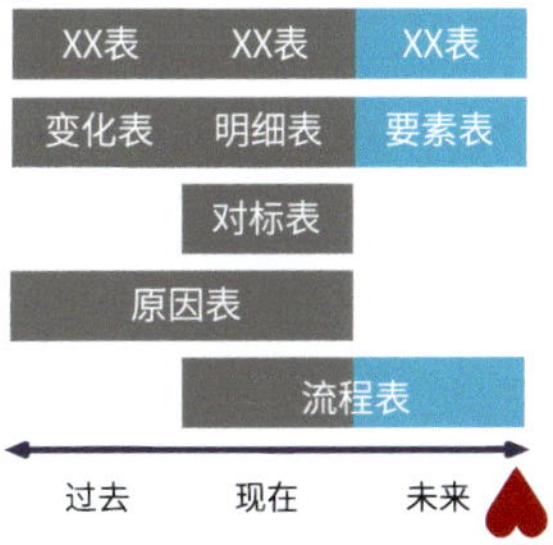

XX表	XX表	XX表
变化表	明细表	要素表
	对标表	
	原因表	
		流程表

过去　　现在　　未来

Q ♥ 路径

- 是"路径"，还是披着"路径"外衣的"假设"
- "路径"一旦得以实施，可能同步带来哪些新的问题
- "最佳路径"如何才能变为"更佳路径"

K ♥ 五步流程

S1: 发现问题
1-1 请导师
1-2 选课题
1-3 组团队
1-4 建机制

S2: 明确目标
2-1 明项目
2-2 定课题
2-3 设路标

S3: 分析问题
3-1 查内容
3-2 配方法
3-3 制表单

S4: 制订方案
4-1 得结论
4-2 出策略
4-3 排计划

S5: 实施过程
5-1 闻肉香
5-2 听节奏
5-3 除故障

A ♣ 项目启动前四大任务

- 一请导师（1-1）
- 二选课题（1-2）
- 三组团队（1-3）
- 四建机制（1-4）

2 ♣ 一请导师 (1-1)

- 把控内容
- 提供资源
- 鼓舞士气
- 评价成果

3 ♣ 二选课题 (1-2)

- 真实、重要、紧迫
- 与导师及学员强相关
- 与学员能力相匹配
- 期间可以有产出

4 ♣ 三组团队 (1-3)

- 相关性
- 投入度
- 多元性
- 有机会

5 ♣ 四建机制 (1-4)

- 运营设计（班级管控机制）
- 积分设计（组间竞争机制）
- 职责设计（组内约束机制）

6 ♣ 行动学习项目五个阶段

1. 产生兴趣
2. 跌入陷阱
3. 开始认真
4. 持续发力
5. 融入日常

7 ♣ 阶段一：产生兴趣

初识行动学习，感觉群体互动强、思维方法好，对于运用该方法推进课题满怀信心

8 ♣ 阶段二：跌入陷阱

由于个人和团队对于行动学习方法论掌握不熟练，跌入"胜任力陷阱"，并有强烈地想要用回以前方式解决问题的冲动

9 ♣ 阶段三：开始认真

项目进度已过1/3（甚至过半），质疑过，抱怨过，也挣扎过，在进一步熟悉方法论的基础上，团队渐渐回归初心，开始认真对待

10 ♣ 阶段四：持续发力

方法论基本已通，几乎掌握了PPT结构要求、课题也有了初步成果，这些增强了团队持续发力以获取更好课题成果和个人成长的信念

J♣ 阶段五：融入日常

行动学习方法已经熟练运用于工作场景之中，成为我们的思维习惯。此时，没有人再专门提及"行动学习"。

Q♣ 行动学习心路历程（糟糕团队）

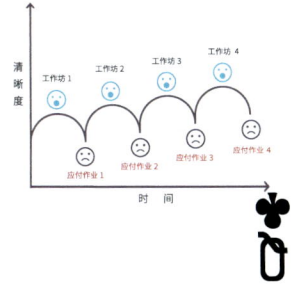

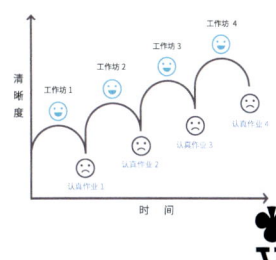

K♣ 行动学习心路历程（卓越团队）

A♦ 行动学习汇报五结合

- 理论与实践结合（知行合一）
- 业务与能力结合（齐头并进）
- 长期与短期结合（标本兼治）
- 内部与外部结合（内外联动）
- 具象与抽象结合（由点到面）

2♦ 汇报材料框架参考

- 第一部分：背景说明
- 第二部分：课题分析
- 第三部分：行动与成果
- 第四部分：未来展望
- 第五部分：学习与成长

3♦ 第一部分：背景说明

- 1.1 课题背景：
  导入必要的背景信息
- 1.2 课题价值：
  说明课题的价值和意义，也就是目的（一般有4～5点）
- 1.3 课题目标：
  明确长短期目标。如果课题有重构，需要说明重构后课题和原始课题之间的区别
- 1.4 团队介绍：
  介绍团队成员、团队风采和团队承诺

4♦ 第二部分：课题分析

- 2.1 分析内容：
  呈现几张分析表单的名称
- 2.2 分析过程：
  分别就2.1中的每张分析表单展开分析，且每张分析表单都应有明确小结论
- 2.3 分析结论：
  2.2中所有表单分析完后，将小结论汇总提炼为大结论

5♦ 第三部分：行动与成果

- 3.1 整体策略：
  介绍围绕"2.3分析结论"产出的几大策略
- 3.2 行动介绍：
  ——对照这几大策略，详细说明项目期间采取的具体行动
- 3.3 阶段成果：
  对照"1.3课题目标"，回应"短期目标"达成情况
- 3.4 各方评价：
  从高位/他位/本位，分别说明对本课题成果的评价

6♦ 第四部分：未来展望

- 4.1 趋势分析：
  分析说明未来趋势（1～5年）对"长期目标"达成的影响
- 4.2 思路建议：
  结合"4.1趋势分析"，站在"高位"，给出达成"长期目标"的整体性思路建议
- 4.3 所需支撑：
  要想实现4.2的思路建议，需要"高位"和"他位"给予哪些支撑

7 ♦ 第五部分：学习与成长

- 5.1学习收获：
  总结团队/个人学习收获，并说明迁移转化情况
- 5.2表扬与感谢：
  提出表扬与感谢，并说明具体原因
- 5.3总结词：
  一两句话点睛，结束课题汇报

8 ♦ 行动学习案例 某互联网公司

- 客户认可高性能比例提高5倍
- 交付及时率提高31%
- 云计算NPS提高到25%
- 服务归属合格率提高10%

9 ♦ 行动学习案例 某教育集团

- 人均产能提高21%
- 四大课题圆满完成
- 输出相关标准、流程、工具和方法集

10 ♦ 行动学习案例 某航空公司

- 170余篇高质量学习心得
- 超售旅客投诉率降低38%
- 行李出错率降低35%
- 落地T2急转决策模型

J ♦ 行动学习案例 某食品公司

- 国内工厂产能提高80%
- 会员续购率提高45%
- 门店动销同比增长43%
- 销售订单准确率提高38%

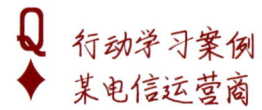

Q ♦ 行动学习案例 某电信运营商

- 平均下载速率提高31%
- 集团专线开通时长缩短29%
- 掌上营业厅客户规模数创年内新高，涨幅在一类公司居第一位

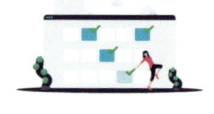

K ♦ 行动学习案例 某新能源集团

- 切割液成本降低45%(年节约1 200万元)
- 气泡不良率降低99.4%(年节约220万元)
- SAP订单业务异常率下降73%
- EC流程归档率提高28%